长春人文学院学术著作出版基金资助出版

金融与文化扶持绩效研究

穆玉堂　牟晓伟／著

吉林大学出版社

·长春·

图书在版编目（CIP）数据

金融与文化扶持绩效研究 / 穆玉堂, 牟晓伟著. --
长春 : 吉林大学出版社, 2024.3
ISBN 978-7-5768-2585-5

Ⅰ.①金… Ⅱ.①穆… ②牟… Ⅲ.①文化产业 - 金
融支持 - 研究 - 中国 Ⅳ.①G124②F832.48

中国国家版本馆CIP数据核字(2023)第226380号

书　　名：金融与文化扶持绩效研究

作　　者：穆玉堂　牟晓伟
策划编辑：殷丽爽
责任编辑：殷丽爽
责任校对：曲　楠
装帧设计：李文文
出版发行：吉林大学出版社
社　　址：长春市人民大街4059号
邮政编码：130021
发行电话：0431-89580028/29/21
网　　址：http://www.jlup.com.cn
电子邮箱：jldxcbs@sina.com
印　　刷：天津和萱印刷有限公司
开　　本：787mm×1092mm　　1/16
印　　张：11.25
字　　数：200千字
版　　次：2024年3月　第1版
印　　次：2024年3月　第1次
书　　号：ISBN 978-7-5768-2585-5
定　　价：68.00元

前　言

　　本书以农村家庭发展致富为研究对象，运用文化、不耐性和贫困陷阱理论，围绕农村家庭"落后—脆弱—致富"过程主线，研究农村家庭面对教育投资、思维改变、产业投资、致富预期、乡村企业产权投资等选择时，金融与文化扶持所起到的绩效作用。通过对金融与文化扶持在发展致富过程中的交叉、互联与侧重作用分析，找出一条适合我国国情的行之有效的扶持方式，得出"短期靠金融，长期靠文化，金融助力，文化扎根"，才能实现农村家庭真发展、长致富的结论。

　　整体内容设计是以"临界点"为界线，"临界点"以内主要依靠金融扶持，通过金融扶持的助推作用，使农村家庭到达并越过"临界点"实现致富。"临界点"以外主要依靠文化教育扶持，力争从思想观念入手实现发家致富，但是初期的脆弱阶段仍需一定的金融扶持进行巩固、护航，并起到消除后顾之忧的作用，同时，通过持续不断的文化教育、技术培训、观念更新、思想融入、乡村产业投资、乡村企业资本组合等方式，实现农村脆弱家庭发家致富。

　　本书系"长春人文学院学术成果"以及"吉林省中小微企业发展研究""金融扶贫视角下农村防返贫路径研究"课题成果，是借助《文化视角下的金融精准扶贫研究》（省教育科研规划）、《金融扶贫视角下农村防返贫路径研究》（省教育厅）两个课题成果基础上完成的。

目　录

第一章 导 论

党的十八大以来，以习近平同志为核心的党中央把中国现阶段贫困人口全部脱贫作为全面建成小康社会的底线任务和标志性指标，举全党全国全社会之力全面打响脱贫攻坚战。党的十八届五中全会明确提出，到2020年我国现行标准下农村贫困人口实现脱贫，贫困县全部摘帽，解决区域性整体贫困。[①]党的十九大明确把精准脱贫作为决胜全面建成小康社会必须打好的三大攻坚战之一，[②]并作了新的部署，提出新的要求。截至2020年年底，已经实现现行贫困标准下9 899万农村贫困人口全部脱贫。

农村家庭发展与致富是过程和目标，在这个目标实现过程中，存在多种方法，金融扶持与文化扶持[③]是两个相关联、交叉，又各有侧重的方法，在农村家庭整个发展致富过程中，金融扶持与文化扶持如何发挥作用？发挥了什么作用？不同时期阶段的侧重性如何？如何进行承接与过渡？最终长期发展致富的理论落脚点在哪里？这些都是值得进一步研究的重点，能够为下一步农村脱贫脆弱家庭（群体）[④]等实现长期发展致富提供理论依据。

---

① 习近平. 习近平谈治国理政（第二卷）[M]. 北京: 外文出版社, 2017: 83.

② 三大攻坚战: 防范化解重大风险、精准脱贫、污染防治。2017年10月18日, 习近平在党的十九大报告中首次提出的新表述。

③ 金融扶持: 对于农村的帮扶来讲, 更多表现为一定的公益、慈善、帮扶与支持性质, 不以营利为目的, 给予后还要看到后期产生的效果, 注重长期性。金融支持: 具有一定的低息条件等营利目的。金融扶贫: 侧重于给予, 对于后期效果不关心, 不注重长期性。所以, 金融扶持对于我国实现乡村振兴更有益。文化扶持与金融扶持内容一致。

④ 农村脱贫脆弱家庭（群体）: 通过前期扶贫工作刚刚脱贫的家庭单元, 在下一步脱贫致富的路上表现为一定的脆弱性, 易受到不确定性等因素影响而返贫。本书主要选择以农村脱贫脆弱家庭（正文中称: 脆弱家庭或群体）为单位进行研究, 研究其在发展致富过程中可能出现的各种情况与理性行为选择。

一、研究背景

20世纪80年代起，我国就成立了专门的扶持机构（国务院扶贫办公室），制定贫困标准，确定扶持方针，大规模推进扶持工作，主要是对贫困地区的贫困人群"捐钱送物"，给予经济支持、给予物质帮助，以满足其基本生活需求。贫困绝不仅是一种自然现象，亦不单是一种经济问题，更主要的是一种综合社会文化现象，它不仅与自然环境、自然生态有关，而且与人文环境或人文生态有着更为密切的联系，这也就是说，人口的教育文化素质、价值观念及其生活方式，以及一个社会的文明开化程度，从更深层次上决定着人们是否贫困。

所以，"扶贫"必须标本兼治，不但要扶物质、扶经济、扶资金，更重要的是在扶金融的同时，还必须通过扶教育等方式扶文化，通过扶文化，从思想上唤醒人们的致富意识、思维和方法，改变人们固化的价值观念、生活方式、行为规范，增强人们的致富理念与能力，只有扶文化与扶金融同步进行，并在不同的致富过程中有所侧重，才能从根本上解决发展致富问题。2020年年底，我国已实现现行标准下绝对贫困人口全部脱贫，这其中有各方努力的因素，但是脱贫也只是一个阶段，要想长期脱贫并实现致富，需进一步加大文化扶持力度，从思想认知层面入手，从而带动行动致富。

本书正是从全国扶贫工作的全局出发，总结以往农村扶持工作经验，以无形的文化思想意识为切入点，结合金融精准扶持的方式，对文化视角下的金融精准扶持进行研究，研究和分析致富过程"贫困临界点"以下短期靠金融物质给予，"贫困临界点"以上长期靠文化观念改变，通过文化与金融在扶持过程中的相互交叉作用，找出一条适合我国国情的行之有效的长期扶持方式，做到"扶持先扶智，扶智先扶文，短期靠金融，长期靠文化"，实现农村家庭真致富、长期致富。

二、研究意义

以往的扶持工作一般只注重物质、物资或资金方面给予的"输血式"扶贫，学术界一般都是在制度设计、组织机构、物质给予、管理等初级层次方面进行研究，很少从文化整体层次上进行研究。

对于文化扶持来讲，其主旨就是通过现代观念的养成，通过思维、思想、理念、观念等高级文化层次的转变来实现致富。但是，目前理论界关于文化扶持的探讨一般认为文化扶持的目的是提升当地民众的文化素养，还有学者认为文化扶持就是立足当地文化资源，开发区域文化产业，如进行文化宣传、送书籍材料下乡、投资建立文化馆等，这只是一种文化初级层次的研究，没有涉及文化的高级层次，更没有形成一套成形的扶持方式和理论模式，效果仍然不明显。

在文化与金融物质扶持过程中，往往是以单一方式进行，要么是金融物质"输血式"扶持，要么是文化宣传，至于文化与金融物质两种方式并用式扶持，特别是文化与金融物质在脱贫过程中"贫困临界点"以下、以上不同阶段所表现出的不同绩效尚未有人进行研究。

本书立足于马林诺夫斯基（Malinowski)的文化多层次有机性概述理论（将文化分为初级、中级、高级三层次整体有机组合），针对性地将金融物质与教育文化扶持进行空间对接，从文化理念的高级层次对我国教育文化扶持工作进行分析，从文化理念初级层次对我国金融物质扶持进行对接性分析，重点考虑脱贫过程中"贫困临界点"以下短期靠金融物质给予，"贫困临界点"以上长期靠文化观念改变，通过文化与金融物质在扶持过程中的相互交叉作用，借助"不耐性"理论，从乡村人力资本投资和产业投资等几个方面入手，分析防止脱贫人员返贫的路径和方法，阻断返贫路径。从长远看，找出一条适合我国国情的行之有效的扶持方式，对于推动我国扶持、脱贫、防返贫工作具有一定的理论指导及现实意义。

三、研究综述

不管是金融扶持还是文化扶持，早已是一个多年的命题，前期学者对于乡村发展致富问题的研究多从区域性、历史性和民族性等进行研究。

（一）国外研究状况

国外学者对于金融扶持与文化扶持很早就开始进行研究，而且较多已是成形的理论。

1. 文化扶持研究

从社会学角度来看，贫困不仅表现为一种经济现象，也表现为一种文化现象，国外学者从文化层面对贫困问题进行了多方面研究。

（1）贫困亚文化。美国社会学家M. 罗吉斯（M.Rogers）等人在《乡村社会变迁》一书中，通过对120万的乡村贫困人民的调查研究，提出"贫民亚文化"概念，他们认为，由于贫民收入低，在社会上处于受压迫地位，也由于他们除了贫困很少知道其他东西，从而表现出与美国社会大多数人不同的价值观，并分析美国的贫民亚文化存在以下特征：个人主义、传统主义、家庭指向、宿命论、个人中心的人际关系等。[1]

"贫困亚文化"属于一个区域人们固化的思维观念，如何才能改变这种已经成形的思维观念呢？为此，J. 米格代尔（Joel Migdal)在《农民、政治与革命》一书中，通过调查对乡村如何走出贫困、实现与现代生活接轨进行了研究，在讲到农村现代化时提出了"文化接触" 理论，他认为农民在一定条件下才能由以乡村为基础的谋生型生活，转变到持续地参与村外制度的生活，从而走出区域性乡村贫困，这是现代化研究中的关键问题。遵循这一理论，社会科学家围绕这一问题展开广泛研究，并已经提出了各种模式，这些研究成果中共同的一点就是：接触现代—我们称之为文化接触—引导人们抛弃旧的生活方式而接受现代生活方式。[2]

（2）贫困文化。有了一定的"文化接触"，使贫困乡村的人们能够接触到外面社会，并开始产生一定的思想波动，但是如何才能使贫困人员逐步地走出贫困，并改变固化的贫困思维呢？其中的逻辑关系又是怎样的呢？美国社会学家奥斯卡·刘易斯（Oscar Lewis）将上述观点上升为理论研究，他在《五个家庭：关于贫困文化的墨西哥人实例研究》一书中，明确提出"贫困文化"概念，他从社会角度、社区层次、家庭层次、个人层次4个层面对"贫困文化"对穷人的影响进行了系统研究。①从全社会角度看。"贫困文

---

① 罗吉斯，伯德格. 乡村社会变迁 [M]. 王晓毅，王地宁，译. 杭州：浙江人民出版社，1988：302.

② 米格代尔. 农民、政治与革命 [M]. 李玉琪，袁宁，译. 北京：中央编译出版社，1996：3.

化"是一种亚文化，其最主要的特征是该文化的体现者——穷人脱离了社会生活的主流。他们不能与广大的社会群体融为一体，不能参加到广泛的社会活动、社会机构中来，处于一种自我封闭的或孤立的境地，分享不到社会所创造的价值。由于穷人受到地理环境、资源匮乏的限制，或受到政治经济制度等的限制，不能参与社会活动，这更加剧了他们的贫困状况，如长期失业、不充分就业、无财产等。于是他们日常靠借债、典当度日，只能购买旧货，这些原因促成了他们特殊的生活方式。一旦此种生活方式形成，他们便更难参与社会活动。他们通常不参加集会、不参加保险，更不与各种金融机构以至文学、艺术打交道。刘易斯认为，"贫困文化"实际上是穷人的一种自我保护机制，它是穷人对自己低下的社会地位的反应，即穷人由于意识到按照社会上所推崇的标准去获得成功已不可能，于是索性放弃此种努力而信奉一种不求进取的价值观念，并将这种信念传递给下一代。如由于意识到长远的富裕目标不可能实现，于是只图及时行乐；又如，由于感到即使付出巨大努力亦不足以支撑中等以上水平的家庭生活，于是便放弃建立家庭的努力，这导致了遗弃妻儿、离婚、未婚同居现象的增多。②从社区层次看。主要体现为一种贫民窟的特殊文化形象。贫民窟内居住拥挤、条件差，但是由于这里的租金低，生活水平低的家庭便聚集于此，这里的家庭在生活方式、价值观念上相互影响，加速了贫困文化的形成与发展。在此生活的儿童所接触的"小伙伴群体"持有相近的价值观，他们相互影响，形成了脱离社会主流的规范体系。人们长期在此居住便形成了贫民窟特有的群体意识和社区归属感。③从家庭层次看。刘易斯认为，在贫困家庭中由于负担不起结婚的费用，穷人中未婚同居的比例较高。对妇女来说，由于感到男子的经济收入不足以支撑家庭，因而也不愿与之建立稳定的家庭关系。此种家庭结构松散，家中常有暴力行为（如打骂妻子、子女等），抛弃妻子、子女的现象屡屡发生。在很多贫困家庭，父亲出走后只好由母亲充当主要劳动力，这使家庭经济更加陷入困境，家庭经济上的拮据经常导致儿童中途辍学。所以，贫困家庭的孩子大多文化水平低、职业训练不足，这使他们日后更难进入高技术职业。由于穷人家庭常是以妇女为户主，孩子们从小较少受到男性社会角色的影响，这使他们的进取精神、竞争意识有所减弱。总之，正是此种特定的家庭环境，使得"贫困文化"的上述诸种现象在此种家庭中容易延续或代代相传。④从个人层次看。虽然"贫困文化"是一种群体模式，但它也能通过个人的思想、态度、行为表现出来。作为"贫困文化"典型代表的个人，通常表现为知识贫乏、眼界窄小、只关心眼前的利益和个人的事情，没有社会感或大的群体感。他们的生活无计划，强调及时行乐，目光短浅，做事只考虑眼前利益。其自我控制的能力较弱，易冲动，意识到地位低下并接受这一事实而不作积极努力、颓废失望。他们一切均听天由命，相信"宿命论"，有自暴自弃或自毁的倾向。

刘易斯上述的分析反映了意识对存在的影响。他认为"贫困文化"是专指现代社会中的一种文化现象。在现代社会中，当多数人均处于中等以上生活水平时，仍有一些人处在贫困状态，脱离了社会生活的主流，就会由这些人中发展出"贫困文化"。同时，当社会急剧变迁时，"贫困文化"往往发展较快。"贫困文化"现象是超越国界的，它的共同特征存在于一切现代社会之中。因此，仅靠社会福利、社会救济是解救不了穷人的，问题的关键在于消灭此种"贫困文化"，改变穷人的价值观与生活方式，使他们产生内在的动力，产生劳动积极性从而摆脱贫困。[①]

（3）区域落后优势。亚历山大·格申克龙（Alexander Gerchenkron）通过对欧洲南部巴尔干地区和拉丁语系国家的经济发展状况进行研究，提出了"区域落后优势"理论，该理论的核心内容是，一个区域相对的经济落后并非是人们所认为的一种劣势，反而还具有积极的作用，从而可以变成一种优势。一个落后区域，在其实际的经济活动状态及发展障碍与这种发展本身所固有的高期望值之间存在一种所谓的"紧张"关系，这种紧张关系将成为推动其工业化发展的力量。并且落后的程度越大，其紧张关系就越强，从而对落后区域经济发展的刺激作用就越大，有点知耻后勇的感觉。这是一种文化理念认知，是在人们的大脑中产生的一种思想观念，是一种无形的力量。亚历山大·格申克龙针对上述理论概括了6个简要命题：①一国经济越落后，

---

①　刘易斯. 五个家庭: 关于贫困文化的墨西哥人实例研究［M］. 北京: 机械工业出版社, 1994: 107–127.

其工业化程度可能表现为越高的制成品增长率;②一国或区域经济越落后,就越是重视企业的大规模化;③一国或区域经济越落后,就越是强调生产资料而不是消费品;④一国或区域经济越落后,对人们消费水平的压制就越严重;⑤一国或区域经济越落后,特殊的制度因素在增加新生工业部门资本供给中的作用就越大;⑥一国或区域经济越落后,其农业就越难以为工业提供有效的市场,从而使工业结构越不平衡。要使落后区域不断积累的"紧张"真正转化为引导工业革命爆发的动力,也是需要条件的,其中一个重要条件就是政策扶持与文化改造。如果落后区域政府未能结合本区域社会经济环境,适时地制定和推出恰当的税收、金融、外贸、消费、文化教育等政策,那么落后区域中原有的"落后的劣势"就不能被弱化,反而不断增长,导致落后区域可能错过落后优势为其提供的反超的机会。①这种落后现象多表现为有形的生产、制造,并不断在低层次消费徘徊,未能让人们实现高层次的理念、观念与思想上的升级,所以要想真正发展致富还是要改变人们无形的思想文化认知。

2. 金融扶持研究

在研究文化扶持的同时,国外学者从金融角度对贫困也进行了较多研究,指出金融扶持能起到的致富作用各不相同。

(1)普惠金融。普惠金融是为许多尚未被传统金融机构覆盖惠及到的企业、个人及领域提供金融服务,服务对象主要是原来没有享受到金融服务的社会底层或盲区的草根阶层。②穆罕默德·尤努斯(Muhammad Yunus)于1983年在孟加拉国创建了孟加拉国乡村银行(Grameen Bank,又称"格莱珉银行"),是目前在金融扶贫方面取得巨大成功的典范,也是世界公认的真正为穷人提供金融服务的银行。30多年来,尤努斯在孟加拉国46 620个村庄建立了1 277家银行,通过无抵押小额信贷,格莱珉银行已使孟加拉国639万穷人受益,目前全球有超过59个国家在复制该银行的经验。③他在《普惠

① 格申克龙. 经济落后的历史透视 [M]. 张凤林, 译. 北京: 商务印书馆2009: 1–4.

② 黄益平, 杜大伟. 数字金融革命: 中国经验及启示 [M]. 北京: 北京大学出版社, 2023: 1–3.

③ 黄颂文. 普惠金融与贫困减缓 [M]. 北京: 中国经济出版社, 2014: 225–226.

金融改变世界》[①]一书中，通过格莱珉银行创建的初衷以及运营理念，第一次系统性地总结了如何推进普惠金融的真知灼见。通过对自己建立的社会企业（social business），[②]以及社会企业基金会（YSB）[③]的实践研究，认为小额贷款工具为贫困人员（尤其是贫困妇女）提供资金，能极大地释放全世界超过3亿贫困人员的创业能力，帮助他们打破贫穷的枷锁。小额信贷在帮助数以百万计的人们脱离贫困过程中，揭露出传统商业银行体系的缺陷：拒绝为最需要贷款的人——贫穷群体提供贷款服务。同时，认为缺乏清洁的可饮用水和卫生设施、缺乏医疗卫生服务、教育条件不足、住房条件差、能源匮乏、养老保障缺失等也是致其贫困的原因。为此，尤努斯提出了零贫困、零失业、零净碳排放的愿景，从青年、科技、良政与人权角度出发，将年轻人看作是有创造力的一群人，能自由奉献自己和财富来创造其所向往的世界的一群人，应该给予年轻人激励与力量。而科技能为解放全人类释放出巨大的力量。良政与人权是建立服务所有国民的社会的关键，提到了企业家精神的本质在于将人类的创造力发挥到最大限度，而在压迫与政府强力管控的环境中，它不可能生根发芽，要求社会多提供宽松的环境，多建立自由与实验性质的氛围，让个体企业家的创造力在其中得到释放，还提到了几个具体要求，包括公正、可信的选择、没有腐败的行政政府、诚实的公民社会，以及对法律的尊重。

在关于普惠金融扶持过程中强调：①淡化商业银行对利益方面的考量，扩大普惠金融的社会公益感召力；② 弱化普惠金融的传统解决方案，积极创新普惠金融的服务方式；③ 纠正一些人对于弱势群体的偏见，充分挖掘人的创造力和自身价值实现的潜力。尤努斯的实践证明：弱势群体能够完全靠自己的努力走出贫困，实现自身价值，他们的企业家精神与生俱来，缺的

① 尤努斯. 普惠金融改变世界 [M]. 陈文，陈少毅，郭长冬，等译. 北京: 机械工业出版社，2018.

② 社会企业是指解决人类问题的非分红公司。

③ 社会企业基金会（YSB）是一个非营利组织，致力扩散社会企业的理念，向有兴趣创建社会企业的先行者提供培训或其他支持，以及与那些有意愿投资设立社会企业或独立部门的商业领袖合作。通过向其所在国家的社会企业提供各方面帮助，YSB正在引领这些企业走上自给自足、可持续运营的道路，并希望可以通过这些企业来缓解当地的贫困、失业和环境退化等社会问题。进而寻找一种我们迫切需要的、可以弥补传统资本主义制度内在缺陷的全新的经济体制。

仅仅是启动资金以及必要的创业指导。贫穷不是由穷人本身造成的，所谓的穷人，有着与身处任何地方、拥有任何身份地位的人同样的无尽的创新和创造潜力，消除贫困归根到底是消除贫困人口发挥其自身价值所面临的重大障碍，如果把机会让给穷人，他们完全可以改变自己的生活，在社会经济的各个领域创造性地设计出社会企业，可以以最快的速度实现消除贫困。他指出在不平等的经济体制中，所有资源都趋向于向上流动，进而让大量资产都集中于顶部1％的人手中，如同巨型的蘑菇头代表顶端少数人拥有的社会财富，而处于下面蔓延出的细长的茎则代表其余99％的人拥有的财富。

他的金融扶贫经验主要体现在：①服务对象只针对贫困人口。格莱珉银行的贷款业务只针对贫困人口，银行通过创立多项指标来计算借款者的贫困程度，贫困程度越高越容易获得贷款，特别是女性贫困者——他把孟加拉国的贫困妇女称为"赤贫村妇"。[①] ②实行无抵押贷款。银行根据贫困人员财产极少或无财产的特点，完全发放无抵押贷款，而且还款方式和期限非常灵活。③扶贫信贷产品丰富多样。银行针对不同的贫困人员推出了诸多类型的信贷产品，如基本贷款、灵活贷款、住户贷款、教育贷款、特别贷款，而且还有极为特别的"乞丐贷款"。乞丐贷款面向极度贫困人员，旨在向最贫困人群提供信贷服务来帮助他们减轻贫困程度，完全免息并不设定还款期限，还款方式和期限由借款人自己选择，而且在第一次借款13周后便可以再次借款，在此期间，银行还会和乞丐借款成员保持联系，指导他们积极创业，助其依靠自我发展来减贫脱贫。

（2）全民基本收入。乔治·吉尔德（George Gilder）在《财富与贫困》一书中，从贫困的本源与财富的本源讲起，强调了企业与企业家精神的作用，认为贫困的本源是人们只讲索取、不努力工作、没有稳定的家庭、没有较高的道德观念，而且这几者之间也没有相互作用，其中提到的"道德观念"主要体现在合作、公益精神及长远的眼光等世俗理念方面。财富的本源决定了企业家能否被赋予将财富用于再投资的权力和责任，是活跃和变化的思想，而不是大量笨重和结实的建筑物，强调财富不是一堆商品，而是观念

---

① 尤努斯.穷人的银行家[M].吴士宏，译.北京：三联书店，2006：2-5.

和信息的流动，企业家的生产方式不是土地、劳动力和资本，而是精神信仰。通过对几个贫穷与富裕国家社会制度的比较研究，指出发达的社会体系不是始于索取，而是始于给予。[①]他从历史和政策的角度，对美国政府的福利制度、就业制度、货币制度等做了系统和深入的分析，在如何发挥企业家精神时，其思想主张是：政府需在政策方面有积极的转变，注重给予而不是索取，多为企业投资和创新营造一个良好的环境，多发挥市场经济与自由经济的作用，减少政策干预；充分重视生产和供给，特别是企业家的才能，注重培养和发挥企业家精神，政府多通过减税和降费向企业让利，而不是扩大政府开支来激励经济运行。在他的观点里始终提倡市场自由，认为经济繁荣面临的主要障碍不是债务，而是限制人们自由发挥创造性的经济制度。[②]

安妮·罗瑞（Annie Lowrey）在《贫困的终结》一书中，通过对现代科技带来的技术性进步的研究，认为科技性进步将给重复性、简单性、人力性、低劣性工作带来极大冲击，如司机、仓库管理员、打包工人、药剂师、法律助理、出纳、翻译员、诊断医生、股票经纪人、房屋评估师等工作岗位，很快将被新出现的机器人夺去工作，这也正如熊比特（Schumpeter）所提出的"创造性破坏"理论，[③]至于人们如何应对生活与摆脱贫困，他指出"全民基本收入"[④]可以成为消除贫困的有力工具，并且可以通过"现金转移支付"与"直接捐赠"来实现。通过对美国、肯尼亚、印度、洪都拉斯、印度尼西亚、摩洛哥、墨西哥、尼加拉瓜和菲律宾的实验数据进行随机研

---

①　要求企业家多考虑他人需求，如果一个人不能理解和迎合他人需求，就不能在市场经济中取得成功。

②　吉尔德（George Gilder）. 财富与贫困［M］. 蒋宗强，译. 北京：中信出版社，2019：117–135.

③　"创造性破坏"本质上是经济变化的一种形式或方法，从来不是静止的，而且永远也不是静止的……促使资本主义"发动机"运转的根本动力来自新的消费品、新的生产方式或运输方式、新的市场、资本主义企业创造的新形式的工业组织。见：SCHUMPETER J. Capitalism, Socialism, and Democracy ［M］. New York: Harper & Row, 1962.

④　全民基本收入不是修补破败经济的措施，而是摆脱薪酬体系制度的一种探索。在实施过程中，社会将确保每个人的基本需求得到满足，不再让医疗保险、住房和食物保障受到市场变迁的影响，在满足这些需求后，个人将能够去做他们自己想做的事情，可以拿着低薪从事艰难的工作，也可以创业、照顾孩子或者其他事情。类似于给予式金融扶贫。

究，发现在美国每人每月发放1 000美元、肯尼亚每月发放20美元就可使大多数人摆脱贫困，强调全民基本收入方式可以有力而有效地终结贫困，而且还可以取代国家福利体系，消除官僚主义与减少政府对公民生活的干扰。通过实验研究发现，现金转移支付能为受益者带来潜在福利，是一种强有力的政策工具，在降低贫困率方面特别有效，接受现金转移支付对男性和女性的工作时间或工作倾向都没有影响，而且在某些情况下反而能激发男性的工作热情。"直接捐赠"是一个非政组织（NGO）在肯尼亚进行的实验，为整个社区无条件发放现金，并且保证能持续发放很长一段时间，实验者每月能得到22美元，而实验结果表明，直接给贫困人员现金更有效，而不是给他们提供物资或服务，可以说任何数额的慈善捐赠或者转移支付计划，如果简单且不附加任何条件的话，都会获得很好的效果。[①]

（3）金融扶持。阿比吉特·班纳吉（Abhijit V.Banerjee）、埃斯特·迪弗洛（Esther Duflo）在《贫穷的本质》一书中，围绕着几个问题，如为什么贫困人员自己吃不饱还要买电视？为什么他们的孩子上学而不好好学？为什么放着免费健康的生活不去享受，反而自己花钱去买药？为什么他们能创业却难以守业？为什么大多数人认为小额信贷、穷人银行对他们来讲没有什么用途？为什么象征性的补助金比象征性的影响更重要？为什么需要政府健全医疗、教育等面向社会一般阶层的制度？应用随机实验的方法，对印度、印度尼西亚、孟加拉国、马里、赞比亚、肯尼亚等非洲撒哈拉沙漠以南的国家、部落、家庭的生活案例进行了长时间的观察，对生活案例进行了详细的分析与比对，并总结建立了"贫穷陷阱"理论模型，然后运用模型对上述生活案例进行了分析，得出：每个家庭或个人都存在一个"贫困临界点"，正常情况下富人处于"贫困临界点"以上，对于同等的财富收入，富人会选择未来收入而放弃当前收入，表现出眼光长远，从而越来越富有。但是对于贫穷人员来讲正好相反，他们处于"贫困临界点"以下，在生活所迫的情况下，面对同等财富收入选择时，贫穷人员选择当前收入而放弃未来收入，表现出只顾眼前利益的短期行为，即人们常说的"今朝有酒今朝醉"。例如，

①　罗瑞. 贫困的终结［M］. 万晓莉，译. 北京：中信出版社，2019：91–118.

宁可放弃明天上班赚300元，也要在今天花100元喝一顿酒。如此一来，在今天只够勉强生活的条件下，而赚取当前收入，对于能改变生活状况的未来收入是不可能实现的，也就是未来能改变其生活条件的收入根本不存在，表现为生活窘迫而没有结余，一旦遇到困难和突发状况时，只能借钱度日，甚至是借高利贷，导致越借越穷，于是陷入"贫穷陷阱"的怪圈之中无法自拔。针对上述对案例的分析，指出有五个方面内容需要社会或政府注意并加以解决：第一，穷人通常缺少信息来源，容易相信那些错误的事情。社会通过正确的宣传，可引导他们改变一些认识上的错误。第二，穷人都肩负着生活中的多种责任，越是贫穷越容易做出错误决定。通过政府补助、扶持、医疗保险等方面减轻生活压力，提高其生活决策的正确性，减少"不耐性"。第三，社会上一些服务于穷人的市场正在消失，或是在这些市场中，穷人处于不利地位。政策制定要兼顾到贫困阶层，不能在制度层面让其脱离社会。第四，贫穷的国家不会因为贫穷或其不堪回首的历史而注定失败。第五，对于人们能做什么或不能做什么，最终常变为自我实现的预言。增加其能改变命运并致富的信心，让其有一个好的奋斗目标。[①]

（二）国内研究状况

关于金融扶持与文化扶持问题，随着各种扶持工作的全面推进，国内学者近几年也进行了大量的研究，并取得了不少成果。

1. 文化扶持研究

文化扶持与金融扶持具有较强的相关性，文化与金融都是造成贫困的重要因素，早已有学者从多角度对于文化扶持进行了研究。

（1）贫困与反贫困。王俊文是对中国农村贫困问题的金融扶贫与文化扶贫进行系统性研究较早的学者之一，在《当代中国农村贫困与反贫困问题研究》一书中，以中国农村贫困问题为研究对象，从经济学、人口学、社会学、政治学的角度，对"贫困"与"反贫困"[②]进行了界定和理论阐述，从贫困内涵、贫困类型及轨迹、贫困测定及价值取向、贫困区域的理解、中国

---

① 班纳吉, 迪弗洛 贫穷的本质[M]. 景芳, 译. 北京: 中信出版社, 2013: 227–231.

② 书中所指的"反贫困"就是现在所提到的"扶贫"。

贫困人口数量变化的特征、中国贫困地区分布及社会经济特征维度出发，对已有的贫困理论进行了系统的比对和深入分析，运用静态与动态、定性与定量、共性与特征相结合的方法，以历史发展的思维，从导致贫困的环境因素、历史因素、文化因素、体系和体制等多因素出发，对我国造成农村贫困的原因进行了深入细致的剖析和研究，并从国家大政方针、中国反贫困历史进程及轨迹、社会扶持参与度、扶持基本经验与做法等方面，对我国反贫困的绩效与成就进行了计量分析和验证。根据所取得的成就与美国、日本、意大利等发达国家及印度、孟加拉国、巴西等发展中国家的反贫困经验、做法和绩效相比较，结合我国当前农村贫困的实际状况，从反贫困的战略形式、战略特点、战略反思、指导思想、客观选择和具体操作等方面提出了建议。而且，在反贫困具体操作措施方面，重点对金融扶持与文化扶持的重要性和可行性进行了分析和论证。他的研究内容和结论对于我国新时代金融扶持与文化扶持具有很好的启发与指导作用。[1]

张永丽、沈志宇[2]对多年来贫困与反贫困相关文献进行了系统性、全面性、综合性的梳理与分析，认为贫困问题不是简单的经济和收入问题，而是区域性政治、经济、文化、人口与环境等多种要素的综合反映，同时，伴随着人类社会经济的发展，贫困的性质和特点也会不断发生变化，呈现出很强的动态性特征，并进一步加剧贫困的复杂性。①贫困成因。他们认为收入贫困、权力贫困、人类贫困、社会贫困、能力贫困、社会经济结构客观因素与贫困文化主观因素等是导致贫困的主要原因。②反贫困政策与措施。在社会经济结构客观因素方面，主要表现为经济增长、人力资本投资、制度改革、完善基础设施建设、改善生态环境等方面；在贫困人员脆弱性[3]与可持续生

---

① 王俊文.当代中国农村贫困与反贫困问题研究 [M].长沙：湖南师范大学出版社，2010：96-107.

② 张永丽，沈志宇.贫困与反贫困问题研究述论 [J].西北民族大学学报（哲学社会科学版），2020（4）：129-140.

③ 脆弱性概念由世界银行于2001年首次针对贫困家庭提出，指家庭资产禀赋、保险机制以及遭受冲击程度和频度的函数，能够反映当下的贫困状况以及预测家庭面对未来各种不确定性事件时的概率。

计①方面，认为贫困人员的脆弱性能够反映当下的贫困状况以及预测家庭面对未来各种不确定性事件时的概率，家庭在遭遇风险冲击时，受到影响的程度和应对冲击所进行的决策能直观地反映出家庭的贫困原因和贫困程度，不同脆弱性所产生的后果可能截然不同。同时，贫困人员具有一定的可持续生计能力是其自主摆脱贫困的前提，可通过贫困人员的外部环境和自身因素改进，增加和提高贫困人员的生计资本和可持续生计能力，从而有效地摆脱贫困；在贫困人员行为选择方面，认为贫困人员的内生动力②与行为选择是导致贫困的重要因素，反对单一的物质扶持，强调改善贫困人员的社会结构、帮助贫困人员脱离贫困文化、实现贫困人员自身内在的变化，对贫困人员进行适当的行为引导与激励能够促进其思想和行为的转变。贫困人员内生动力的提升能够促进人力、物质、社会等资本的投资，有助于贫困人口脱贫，注重从单一的物质扶持逐步向精神扶持发展，激发贫困人员脱贫致富的内生动力。③反贫困政策实施机制与制度安排。他们认为在反贫困过程中，需政府主导，贫困人员与社会共同参与；瞄准贫困人员，并精准扶持；指出下步需加强贫困与反贫困的理论研究，如贫困的维度与贫困测度、贫困动态性、反贫困实践与理论结合、多学科融合等。

（2）贫困文化与文化贫困。文化贫困是表面的，是不断改变思想的外部原因；贫困文化是内心深处的，是结果。长期的文化贫困将会导致区域内的人们形成固化的思维，并形成特有的贫困文化。宋镇修、王雅林指出，"贫困文化是现代社会中的一种亚文化现象，是指社会上多数人均处于中等以上生活水平时，仍有一部分处于贫困状态的人所形成的一套使贫困本身得以维持和繁衍的特定的文化体系"③。饶蕊、耿达，④指出，贫困文化是长期生活在贫困环境中的群体所共有的文化习俗、思维定式和价值取向的积淀，

---

① 可持续生计是为了解决贫困问题而提出的，是指在不破坏自然环境的条件下，能够持续且稳定得到资产和提高自身能力的谋生方式。见：LI Y, CONWAY D, WU Y, et al. Rural Livelihoods and Climate Variability in Ningxia, Northwest China [J]. Climatic Change, 2013, 119 (3–4)：891–904.

② 内生动力主要指如何突破与改变贫困人员内在约束，从内心深处增加其对脱贫致富的渴望，增加脱贫的主观性。

③ 宋镇修，王雅林. 农村社会学 [M]. 哈尔滨：黑龙江教育出版社，1993：211.

④ 饶蕊，耿达. 文化扶贫的内涵、困境与进路 [J]. 图书馆，2017 (10)：13–17.

是贫困群体对贫困环境的一种适应和自我维护。肖桂云、程贵铭[①]通过对中国农村贫困的历史根源及现状研究,指出贫困不仅是一种经济现象,也是一种文化现象。我国一些贫困地区的农民除了物资匮乏、生活贫困外,也缺乏文化生活,教育水平低下、生活方式封闭、落后和守旧的思想观念所形成的贫困文化,是他们长期处于贫困状态的最根本的内因。因此,从某种意义上讲,只有通过文化扶持,如基础文化知识、科学知识、管理科学知识、法律知识、政治理论与思想道德等知识的培训,改变他们贫困的文化环境,才能从根本上改变贫困文化并摆脱贫困。由安徽省社科院辛秋水教授主持的"文化扶持、村民自治"的实验研究,正是贫困文化理论在中国的实践:通过现代文化知识的传播和对农民进行技术培训,向农民输入时代信息、现代观念和科学技术知识,以及通过村民选举,提高农民的民主意识、参与意识,改善干群关系,以此来激活社区内在活力,促进乡村社会发展。这些思想和做法就是通过加大文化扶持力度,改善周围的文化环境,提高农村贫困人员的思想素质,从而改变贫困文化。

(3)文化灌入式扶持。文化扶持是通过宣传、教育、形式熏陶和思想引入等方式,不断改变贫困人员生活的文化贫困环境,进而形成特定的思维定式和思想认知,提高贫困人员脱贫的内生动力,从而从根源上改变区域人员的贫困文化,从而达到脱贫目的。

岑家峰、李东升、梁洁(2018)[②]认为,文化扶持是指在精准扶持理念指导下,通过对贫困地区文化贫困现象进行识别,在文化设施建设、文化产品供给、公共文化服务、文化产业扶持、精神文明建设等方面开展因需而异、因地制宜的精准帮扶,有效提升当地公共文化服务能力和水平,提高贫困地区群众的科学文化素养,从而助推贫困地区经济社会全面发展。他们认为文化扶持有助于提高贫困地区群众的思想文化素质、有助于加快深度贫困地区群众的脱贫步伐、有助于促进贫困地区公共文化服务体系建设,在研究

---

① 肖桂云,程贵铭.贫困文化与文化扶贫[J].中国农业大学学报(社会科学版),2000(3):68-73.

② 岑家峰,李东升,梁洁.精准扶贫背景下贫困地区文化扶贫路径研究[J].社科纵横,2018,33(6):60-65.

我国文化扶持实践历程的基础上，提出中国文化扶持路径应多从摸清贫困地区公共文化需求、提高文化扶持工作精准度、找准文化产业发展突破口、加强基层文化人才队伍建设等方面出发。陈晓莉（2016）[①]对我国扶持工作的"扶智、扶志、扶基本保障进"行分析，认为必须在"扶经济"的同时"扶文化"，通过"扶文化"可以扶起人们融入现代社会的观念、扶起人们向富向上的追求、扶起人们不甘落后积极进取的精神、扶起人们自力更生的意识、扶起人们适应市场经济要求的素质，可以树立新风、塑造新人，可以激发贫困地区民众思变求富的愿望，最大限度地调动他们努力学习、不断追求的积极性和能动性，调动他们的创造热情，激发当地社会的内在活力，从根本上铲除滋生贫穷的土壤，斩断贫困代际传递的链条，使财富能够生根，使"脱贫"效果能够持恒。针对区域性贫困人员的文化贫困，在文化扶持手段方面，饶蕊、耿达（2017）提出应加强公共图书馆、文化馆、乡镇文化站、农村文化活动室等文化设施建设，持续推进向贫困农村地区送戏、送电影、举办宣传展览、组织文艺活动、开展文体活动、农家书屋、送书下乡、流动舞台等文化惠民工程。

辛秋水（2010）从文化扶持由感性认识到理性认识再到实践检验角度入手，认为一个区域只有通过文化扶持提高人的自身素质，才能真正实现脱贫致富。张世定（2016）从社会文化学的视角对文化扶持的社会背景、理论范式、路径选择的理性思考进行了研究分析，认为人的文化水平与精神层次得到了提升，才能彻底摆脱贫穷，才有助于整体扶持工作的推进。曲蕴、马春（2016）基于扶持、文化扶持、精准扶持的相关概念，对文化精准扶持进行定义，阐述文化精准扶持的手段、原则、目标等内涵。指出文化精准扶持就是通过在文化设施建设、文化产品供给、公共文化服务、文化产业扶持、精神文明建设等方面，开展因需而异、因地制宜的精准扶持活动，从而有效提升人们的文化素养和知识技能，逐步推动贫困地区的经济、文化发展。

但这种方式仍然处于对文化理解的初级层次方面，根本没有理解文化的真正内涵，同时，相应的学术理论研究已经涉及文化的高级层次与扶持脱贫

[①] 陈晓莉.扶贫扶文化"治"本"除穷根[J].理论月刊，2016（9）：5–11.

方面对接及理论研究，但是没有对文化进行分类梳理，没有从文化高级层面中抽出金融文化方面的内容进行细化的研究，致使文化扶持理论研究较宽、较泛。

2.金融扶持研究

中国全面打响脱贫攻坚战以来，不断有学者进行有关金融扶持方面的研究工作，并取得了较多的成果。

（1）金融扶持绩效。杨叶青（2018）[①]通过对金融扶持的外溢效应进行研究，认为金融扶持对贫困人员的收入水平起到积极的影响作用，并能直接促进贫困地区经济增长。

在贫困人员经济收入方面，刘纯彬和桑铁柱（2010）[②]利用我国1978—2008年的时间序列数据，对贫困地区的金融深化与收入关系进行了实证检验。研究结果表明：贫困地区金融发展的深化程度越高在长期中越能增加贫困人口收入。与其持相同意见的还有马莉、尹洪举（2012）[③]，他们认为当今收入分配领域中马太效应较为明显，完全依赖财政扶持显然是难以在根本上解决贫困问题的。更进一步揭示了金融扶持能够通过公平配置金融资源，提高贫困群体收入水平。伍艳（2012）[④]通过对2001—2010年中国贫困地区金融数据的分析得出，金融发展能给贫困人员提供更多的就业机会，从而间接帮助贫困人员提高自身收入水平。杨庆明、李贞、谢芳俊（2014）[⑤]以中国赣州为例，对当地金融深化程度与贫困人口收入水平之间的关系进行了实证分析，得出贫困人口收入水平与金融发展水平互为因果关系，以及金融发展水平越高则贫困人口收入越高，相应地也存在贫困人口收入越高则金融

① 杨叶青.金融扶贫文献综述[J].金融发展评论,2018（2）：59-63.

② 刘纯彬,桑铁柱.农村金融发展与农村收入分配:理论与实证[J].上海经济研究,2010（12）：37-46.

③ 马莉,尹洪举.遏制收入分配马太效应的金融扶贫思考[J].特区经济,2012（02）：144-146.

④ 伍艳.中国农村金融发展的减贫效应研究——基于全国和分区域的分析[J].西南民族大学学报（人文社会科学版）,2012,33（07）：109-113.

⑤ 杨庆明,李贞,谢芳俊.欠发达地区金融发展与城乡收入差距协整关系研究——以赣州为例[J].财经界,2014（04）：4-5.

发展水平越高的关系。黄之慧、苏睿（2016）[1]基于中国广西地区的实证研究，得出金融服务深化对贫困地区人口收入增长至关重要，且提出应该继续深化贫困地区金融改革，加快落实贫困地区产权改革。

对于金融扶持对经济增长的促进作用，姚耀军（2004）[2]基于VAR模型及其协整分析，并结合Granger因果检验法，表明贫困地区金融的发展状况会影响到当地生产消费的活跃度，对经济存在功能效应。王春岭、庞守林（2005）[3]通过对1994—2002年内蒙古31个国定贫困旗（县）的GDP金融资金投入以及累计数据进行回归分析，得出政府对内蒙古贫困地区资金的投入对当地的经济增长具有很大的影响。冉光和与张金鑫（2008）[4]以山东省为对象，运用时间序列研究方法，对其贫困地区金融发展与经济增长之间的关系进行了实证分析。研究结果显示：当一个贫困地区金融发展状况良好时，可以有效促进当地经济的快速发展。在之后的研究中李学春和王家传（2009）[5]持相同观点，认为金融体系所具有的金融中介功能如分散风险与解决流动限制等都有助于经济增长。刘娜（2016）[6]基于克里斯托弗·西姆斯（Christopher Sims）提出的VAR模型对1998—2005年安徽省相关金融数据进行研究，来探寻安徽省贫困地区金融发展与经济增长的相互关系。研究结果显示，贫困地区的金融规模、运营效率与当地的人均生产总值存在长期的正向均衡关系。

（2）金融精准扶持。"金融精准扶持"是由"金融扶持"与"精准扶

---

① 黄之慧,苏睿.农村金融深化对农民收入的影响研究——基于广西地区的研究[J].经济研究参考,2016(59)：83–85+88.

② 姚耀军.中国农村金融发展与经济增长关系的实证分析[J].经济科学,2004(05)：24–31.

③ 王春岭,庞守林.农业财政金融资金对贫困地区经济发展的影响[J].北方经济,2005(07)：58–60.

④ 冉光和,张金鑫.农村金融发展与农村经济增长的实证研究——以山东为例[J].农业经济问题,2008(06)：47–51+111.

⑤ 李学春,王家传.中国农村金融功能发挥与农村经济增长关系的实证研究[J].生产力研究,2009(03)：28–30.

⑥ 刘娜.精准扶贫视角下农村金融发展对经济增长的影响——基于安徽省数据的实证分析[J].嘉学学院学报,2016,28(05)：78–84.

持"相结合而派生出来的，杨云龙、王浩、何文虎（2016）[①]认为，"精准扶持"是指针对不同扶持区域环境、不同贫困户状况，精准选择扶持对象、精准安排扶持项目、精准使用扶持资金、精准采取扶持措施、精准实现因村派人、精准确保脱贫成效的方式，实现贫困地区和困难群众脱贫。金融精准扶持作为精准扶持的重要方式之一，通过向贫困地区提供金融资源支持，促进贫困地区经济增长、贫困户增收。李宝庆在《精准扶持背景下的金融扶持及其绩效评价研究》一书中[②]，从经济学与管理学双重视角，深入研究了金融扶持理论、精准扶持背景下的金融扶持及其绩效评价理论，提出了金融精准扶持体系的构建思路和原则。在他的研究过程中，一是从扶持瞄准是前提、农村地区是核心、创新机制是关键、微型金融是基础、风险防范是底线、绩效评价是保障出发，提出了构建金融精准扶持体系的"六位一体"理论思路。二是以全国扶持开发重点县为研究样本，对2002—2014年间金融机构信贷资金投入对贫困人口减少、地区生产总值增加及农民人均纯收入增加的边际效用分别进行了计量回归分析，发现目前我国传统金融扶持的边际效用已经显著递减并出现历史性阶段低点，而且在2013—2014年间已经下滑到一个历史低点。三是依据平衡计分卡理论，将传统的财务绩效、客户层面、内部流程、学习与成长4个维度，按照金融扶持绩效评价的实际状况，对应转换为社会、经济、管理、生态4个维度，建立了金融扶持绩效的28项评价指标和5项修正指标，按照层次分析法对各项评价指标进行了赋值、权重分配和标准化，系统地构建金融精准扶持绩效评价的指标体系。同时，又以我国宁夏回族自治区为典型样本探究了普惠金融发展与城乡收入分配差距之间的反向关系，指出了宁夏金融扶持的成功之处与实践困境。四是在结合理论研究与实证分析的基础上，从精准定位扶持对象、扶持主体、扶持手段和评价指标4个方面指出，要解决传统金融扶持模式中存在的问题，就必须创新金融扶持机制，实施金融精准扶持，并对金融扶持的绩效进行科学评价。

王三秀在《中国扶贫精细化：理念、策略、保障》一书中，对"扶贫

---

① 杨云龙，王浩，何文虎.我国金融精准扶贫模式的比较研究——基于"四元结构"理论假说[J].南方金融，2016（11）：73-78.

② 李宝庆.精准扶贫背景下的金融扶贫及其绩效评价研究[M].北京：中国金融出版社，2017.

精细化"①概念进行了界定，从中国精细扶持的实践需求出发，运用多维贫困及扶持理论、福利主义扶贫理论、生活质量理论、政府管理精细化理论，通过对中外文献的分析、梳理与思考，提炼中外已经积累的一些成功经验、理论观点和规律性特点，进而形成了自己的基础理论观念。通过对典型性制度经验进行研究，分析了其对中国"扶贫精细化"推进过程中的制度创新及实践的启发和借鉴意义。运用实证分析方法，在对国外相关数据分析的基础上，着重对湖北、河南等地的精准扶持政策实践进行分析研究，研究过程中，通过对扶持工作人员及贫困家庭成员进行深入访谈、入户调查、座谈、问卷等方式，获得有关家庭收入、支出、劳动就业、家庭结构、教育、健康及养老服务等相关一手资料，并对上述数据进行计量回归分析。结合中国实际情况，从收入扶持、健康扶持与权利扶持出发，对国家扶持政策如何选择进行分析。从管理保障、社会参与保障、制度保障出发，对如何实现精细化扶持的目标，提出了具有一定实践性的保障建议。建议指出，一是强调保障政策措施的针对性，以应对精细化需求。二是强调保障内容的精细化，以消除贫困者多维贫困。三是强调保障内容的整体性，以实现全面脱贫目标。②

（3）金融给予式扶持。主要是给钱、给物的扶持方式，其实，我国从20世纪80年代开始到现在所进行的扶持工作，基本上都属于这种方式。学术界也多是在金融给予式扶持的基础上，对如何优化扶持方式、健全扶持机构、加强物资给予的使用管理等方面进行研究，很少从更深层次上进行扶持理论的研究。

就金融扶持的给予与帮扶而言，王琳、李珂珂（2020）③将金融扶贫定义为在国家相关政策的支持和引导下，金融机构有针对性地为贫困地区、农村贫困群体提供金融产品和服务，以改善农村发展环境、提升农民生产经营

---

① 扶贫精细化是指在对贫困者贫困精细化多维识别的基础上，通过政府主导和社会参与，有针对性地满足贫困家庭或者贫困者个体收入支持、权利保障等方面的帮扶需要，以消除贫困者的综合贫困或多维贫困，保障他们的基本生存条件，并提升其生存质量和实现脱贫发展的能力。见：王三秀. 中国扶贫精细化：理念、策略、保障［M］. 北京：社会科学文献出版社，2017：22.

② 王三秀. 中国扶贫精细化：理念、策略、保障［M］. 北京：社会科学文献出版社，2017.

③ 王琳，李珂珂. 我国金融扶贫的长效机构构建研究［J］. 学习与探索，2020（2）：138–143.

能力和农村贫困人口发展水平的扶持活动，提高贫困地区和贫困人民的"造血能力"，帮助其增加收入、摆脱贫困，最终实现共同富裕。他们指出在扶持过程中要处理好物质给予扶持与精神扶持的关系，强调物质脱贫是一时之快，而教育扶持是治本之计，若不注重贫困地区的教育、精神脱贫，只是一味注重物质脱贫，在不久的将来也会出现新的贫困地区与贫困人口。苏畅、苏细福（2016）[①]对金融扶持进行了分析，认为金融扶持是国内金融机构利用聚集的资源优势而承担的一项兼具政策性与经营性的贷款业务。并对我国金融扶持面临的困境进行了分析，提出了加强跨部门联动、建立运行机制、完善法律体系、加大信息共享和政策支持力度的建议。王国勇（2015）通过对扶持机制、路径和方法的研究，提出要对贫困人口进行精细化管理、对扶持资源进行精细化配置、对贫困农户进行精细化扶持，使精准扶持在具体扶持工作中得以有效落实。

上述国内外关于扶持方面的研究，要么是从物质扶持角度出发进行分析，要么就是从文化扶持角度来分析，没有从金融与文化融合的角度进行综合性分析，所以本书将融合文化与金融两个领域的理论及内容，提出金融与文化结合的扶持方式，对扶持问题进行分析，短期靠金融扶持直接给予帮扶，长期靠教育改变贫困人民的文化理念，并找出适合我国国情的、行之有效的扶持方式。

① 苏畅, 苏细福. 金融精准扶贫难点及对策研究 [J]. 西南金融, 2016 (4): 23–27.

第二章　金融扶持与文化扶持概述

一、文化内涵、文化扶持概述

（一）文化内涵

"文化"一词来源于拉丁文"cutura"。生活中一提到文化建设，人们往往想到的只是搞文艺比赛和演出、做影视宣传、学习文学作品、唱歌、跳舞以及文化历史宣传教育等方面，其实这只是文化大概念中很少的一部分，在文化这个立体多维的框架结构集合中，只是一个很小的占位。对于文明和文化，不同的学者给出了不同的定义，例如，按马克思的观点，经济基础决定上层建筑，经济基础加上层建筑就构成了一个文化体系。笔者个人倾向于费孝通的老师马林诺夫斯基（Malinowski）对文化的定义和解释，他将文化分为初、中、高3个层次的有机结合，认为文化是3个层次整体力量的社会外在展现，在3个层次中，高级层次所占权重最大，然后是中级，初级最小。

初级层次是能看得见、摸得着的有形的器物。比如：金钱、支票、粮食、米面油、衣物、武器装备、刀枪、马车、火车、房屋建筑等物质；中级层次是制度和组织。比如：政治体制、政府机构、扶贫政策、扶贫组织、教育体系、政治体系、金融体系、组织管理等；高级层次是精神或伦理价值，是人生中最高境界的价值取向，是最能反映一个国家或区域人员整体实力的部分。比如：对于好与坏、真与伪的判断标准，儒家思想，扶持思想，对发家致富的认知与向往、致富目标等想法。[①]（如图2.1所示）

---

① 林毅夫.解读中国经济［M］.北京：北京大学出版社，2012：55-57.

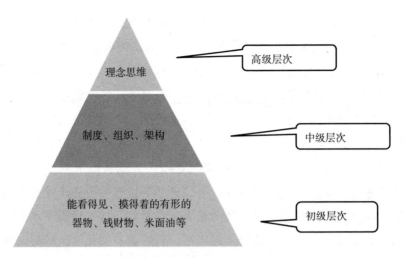

图2.1　文化层次性有机分析图

文化认知的转变升华是一个从有形到无形、从软到硬、从感观到认知的上升过程，文化是指区域或群体性人群对周围事物、行为、现象等具有的共同的认知，并将此认知在自身大脑中沉淀积累而形成的一种习惯性、常态性、固化性的指导并左右人们日常行为的理念、观念和价值取向等的集合，是一个立体多维、有机的综合表现值。这种文化集合一般表现为军事文化、农村文化、教育文化、文艺文化、体育文化、经济文化、人口文化、历史文化、社会文化、贫困文化等诸多文化，是一个人、一个民族、一个国家所追求的，对某一种事物或行为在认知方面的最高思想境界。

区域内群体受周围环境等因素影响，形成了一定观念、理念等思维认知模式，这种思维观念左右和指导着群体人员的日常行为等，形成了对贫困的习惯性认知。积极向上、健康的文化价值观将产生正能量，有利于社会发展和人们脱贫，而不健康的、落后的思维文化观念则会产生负能量，不利于社会发展与人员脱贫，甚至还会加重贫困程度，要想打破和改变这种不正确的贫困思维观念，需要通过教育学习及金融知识的宣传等方法来逐渐改变人们对于贫困及脱贫的认知，让其从内心自发地想要脱贫致富。如天价彩礼问题。

（二）文化扶持概述

文化扶持是"精准扶持""精准脱贫"战略的重要组成部分，是针对贫困落后区域的"贫困文化"①而实施的一种扶贫方式。桂胜、赵淑红认为，"文化扶贫"是利用文化手段和文化力量对贫困群体在思想观念、知识水平、地域文化上进行改造、提高和挖掘，其最终目的是实现贫困地区经济、文化、社会的全面协调发展②。在我国一些贫困地区的民众除了物质匮乏、生活贫困外，文化素质的低下、生活方式的封闭、思想观念的守旧是他们长期处于贫困状态的最根本的内因。因此，从某种意义上讲，贫穷和落后表现为一种人的素质，只有改变贫困的文化环境，才能从根本上摆脱贫困。为此，习近平总书记于2012年12月在河北省阜平县考察扶贫开发工作时着重指出："治贫先治愚。要把下一代的教育工作做好，特别是要注重山区贫困地区下一代的成长。下一代要过上好生活，首先要有文化，这样将来他们的发展就完全不同。义务教育一定要搞好，让孩子们受到好的教育，不要让孩子们输在起跑线上。古人有'家贫子读书'的传统。把贫困地区孩子培养出来，这才是根本的扶贫之策。"

本书认为"文化扶贫"是指在精准扶贫理念指导下，通过对贫困地区持续教育投入、文化设施建设、文化产品供给、公共文化服务、文化产业扶持、精神文明建设、思想理论教育等方面开展因需而异、因地制宜的精准帮扶工作，侧重于贫困地区人员的思想意识再造和贫困文化改造，改变民众的思想观念，从根本解决他们内生动力不足的问题，最终实现"输血式"扶贫向"造血式"扶贫的转变，实现脱贫致富。这一概念包含了文化扶贫的本质、手段、原则和目标，有助于我们理解文化扶贫。首先，文化扶贫本质上是一种扶贫开发方式，它遵循精准扶贫理念，侧重于对贫困人民精神、观念、素质方面的帮扶；其次，实施文化扶贫的手段包括教育投入、文化设施建设、文化产品供给、文化公共服务提供、文化产业扶持、精神文明建设等方面，满足贫困地区人民的多元文化需求；再次，实施文化扶贫是按照因需

---

① 贫困文化是指贫困地区的民众由于长期处于贫困状态中，逐渐地形成了一套固化的价值观念、生活方式、行为规范，具体表现为自卑、无助、缺乏安全感、不求上进、固守旧有的生活方式、视野狭窄等。区域民众一般表现为：思想观念落后、受教育程度低、价值观念消极。

② 桂胜，赵淑红. 农村文化扶贫的路径探索——户籍在外之"故乡人"的反哺[J]. 西南民族大学学报(人文社科版)，2017，38：2-27(1).

而异、因地制宜的原则为贫困地区的人民提供文化帮扶，实现文化资源供给
与贫困对象需求有效匹配；最后，实施文化扶贫的最终目的是促进贫困地区
公共文化均衡发展，提升贫困人民的综合素质和技能，从而为推动贫困地区
和贫困人民长期稳定脱贫提供精神保障[①]。其主旨是通过现代观念的养成，
使贫困地区的人文素养以及人民整体素质得以提高，其中"扶人"是主要手
段，终极目标是人的素质的脱贫。

二、金融扶持、金融精准扶持概述

2011年，我国将贫困线设定为2 300元/人·年，认为这个收入可以满足
贫困人民的基本生活需求。2019年，我国贫困线已调整为4 000元/人·年，
相当于1.6美元/人·天，按照实际购买力计算，相当于2.2美元/人·天。2015
年9月，世界银行将贫困线设定为1.9美元/人·天。我国贫困线比世界银行制
定的平均标准高0.3美元/人·天。

（一）金融扶持概述

国外学者对于扶持的研究早于中国，因经济背景不同，他们的扶持概念
各具特色，中国扶持则是指由政府和社会帮助落后地区的困难户因地制宜地
发展生产、摆脱困境、改变穷困现状的一种社会工作。

"金融扶持"是国内金融机构或组织利用聚集的资源优势而承担的一项
兼具政策性与经营性的贷款业务，即金融机构通过对众多的农村地区困难农
户和扶持项目广泛、大量的资金（包括用金融资金购入的物质）支持，激发
广大农村困难农户的内生发展动力，实现稳定脱贫和可持续发展[②]。金融扶
持是扶持开发事业的重要组成部分，属于开发式扶持，以市场机制为基础，
对有劳动能力、有致富愿望、有融资需求的家庭进行扶持，一般涉及农村基
础设施建设、扶持搬迁、特色产业发展、困难户生产、困难家庭助学贷款等
领域。以我国来讲，过去的金融扶持方式主要有两种，从政策和商业来划

---

① 岑家峰, 李东升, 梁洁. 精准扶贫背景下贫困地区文化扶贫路径研究 [J]. 社会纵横, 2018, 33
（6）: 60–63.

② 苏畅, 苏细福. 金融精准扶贫难点及对策研究 [J]. 西南金融, 2016（4）: 23–27.

分，有政策性扶持贷款和经营性扶持贷款；从贷款种类来划分，有基础设施建设贷款、移民工程贷款、特色农业贷款、困难户生产性小额信用贷款、生源地助学贷款等。

本书所讲的金融扶持在内容范围上包括给予困难人员金融资金或物质实物等，从文化层次来讲，属于初级层次，但是对于困难人员脱离贫困过程初期，当处于"贫困临界点"以下时，使用金融扶持给钱给物还是比较有效的，因为此时提供金融物质支持，能及时解除或减轻困难人员的不耐性。

（二）金融精准扶持概念

党的十九大报告指出，坚持精准扶贫、精准脱贫，确保到2020年我国现行标准下农村贫困人口实现脱贫，贫困县全部摘帽，解决区域性整体贫困，做到脱真贫、真脱贫。

"精准"出现于扶持领域，最早可能是江毅、姚润丰发表于2006年的《提高扶贫精准度》一文。该文认为，扶持资金使用不准确，是当前扶持工作存在的问题，这也预示着今后扶持机制需要进一步向精准调整[1]。2013年11月3日，习近平主席在湖南湘西花垣县十八洞村视察扶贫开发工作时首次提出"精准扶贫"概念，他指出：扶贫要实事求是，因地制宜，要精准扶贫，切记喊口号，也不要定好高骛远的目标。精准扶持见诸于国家正式文件（中办发〔2013〕25号文件），即中共中央办公厅、国务院办公厅发布的《关于创新机制扎实推进农村扶贫开发工作的意见》。文件中指出，要深化改革，创新扶贫开发工作机制，建立精准扶贫工作机制。

在内涵上，"精准扶持"与粗放扶贫相对，是指针对不同扶持区域环境、不同困难户状况，科学采用精准选择扶持对象、精准安排扶持项目、精准使用扶持资金、精准采取扶持措施、精准实现因村派人、精准确保扶持成效的方式，实现落后地区和困难群众发家致富。精准应是扶持对象、扶持措施与效果的精准。精准扶持相对来讲更加注重扶持的方向性、精细性和准确性，相对于传统的粗放扶持具有目标更加明确、措施更具针对性、管理更加

---

① 江毅、姚润丰.提高"扶贫精准度"[J].瞭望新闻周刊，2006（14）：26-28.

精细的特点①。

本书认为，"金融精准扶持"是指在普惠金融理论和体系的支持下，综合落后地区和困难人口的差异性特点，通过金融机构信贷、保险、支付结算等多元化的金融产品，有针对性地为其提供各种可获得的个性化金融服务，以满足其通过自我生产，实现减贫致富的需求。同时，通过先期暂时性的"外界输血"支持发家致富，促进落后地区和困难人员实现进一步持续"自己造血"、自我发展意识和能力的不断提高，从而引导当地金融资源的最优化配置，最终实现广大落后地区农户彻底发家致富，实现共同富裕。

金融精准扶持作为精准扶持的重要方式之一，通过向落后地区提供金融资源支持，促进落后地区经济增长、困难户增收，将困难人员助推到贫困临界点以上，为文化扶持提供前期金融物质基础。金融物质扶持只能解决困难人员暂时性困境，但不能解决长期永久性困境，要想解决长期永久性困境，还需加以文化教育扶贫，并不断地向文化教育扶持侧重和转移。

所以，文化视角下的金融精准扶持就是以全国全社会人民对上述困境、扶持、致富的认知，在扶持前期，当困难人员处于"贫困临界点"以下时，利用金融手段和方式，实现困难人员与社会扶持的精准对接，让困难人员走出困境，然后利用教育主导的文化扶持方式，通过文化教育、文化宣传等，使困难人员改变原有的落后思维认知，从内心深处、思想上真正形成发家致富的观念。

三、贫困内涵、贫困文化解释

（一）贫困内涵

贫困标准是测量贫困人口规模和贫困程度的重要基础和工具。亚当·斯密（Adam Smith）在1776年发表的《国富论》中认为："一个人是富是穷，依照他能享受的生活必需品、便利品和娱乐品的多少和品质鉴定"。英国的奥本海默（Oppenheimer）在《穷人真相》（1998年）中认为，"贫困是指物

---

① 杨云龙，王浩，何文虎.我国金融精准扶贫模式的比较研究——基于"四元结构"理论假说[J].农村金融，2016（11）：73.

质的、社会的和情感上的匮乏。它意味着在食物、保暖和衣着方面的开支要小于平均水平"。世界银行在以"贫困问题"为主题的《1990年的世界发展报告》中，将贫困界定为"缺少达到最低生活水准的能力"。这里的最低生活水准是指贫困标准，也称为"贫困线"。世界银行在《2000/2001年世界发展报告》中，将对贫困的理解从狭义推向广义，指出"贫困除了物质上的匮乏、低水平的教育和健康外，还包括风险和面临风险的脆弱性，以及不能表达自身的需求和缺乏影响力"。

长期以来，人们对于贫困的认识主要限于收入水平或基本生活不能得到保障，这是贫困的绝对内涵，一般视为收入贫困。近年来，贫困的概念逐渐从绝对标准转向相对标准。绝对贫困是指不能达到维持某一特定基本生活需求（包括食物和非食物）的状况，一般是用收入或消费支出来衡量。相对贫困是指一部分人相对于另一部分更加贫困，或者一部分人的收入远低于平均水平的现象。

我国农村贫困标准的定义是，在一定时间、空间和社会发展程度的条件下，维持人们的基本生活所必须消费的食物、非食物（包括服务）的基本费用。对于贫困标准，我国改革开放以来采用过三条不同生活水平的贫困标准。分别是"1978年标准""2008年标准"和"2011年标准"，"2011年标准"是我国现行的农村贫困标准——每人每年2 300元，这是结合"两不愁三保障"测定的基本稳定温饱标准。根据对全国居民家庭的直接调查结果测算，在"三保障"的情况下，现行贫困标准包括的食物支出，可按农村住户农产品出售和购买综合平均价，每天消费1斤半面、1斤蔬菜和1两肉或1个鸡蛋，获得每天2 100大卡热量和60 g左右蛋白质，以满足基本维持稳定温饱的需要，同时，现行食用标准中，还包括较高的非食物支出，2014年的实际食物支出比重为53.5%。

不同标准测算的贫困人口统计数据属于不同序列，相互之间没有可比性，我国目前已基本消除"1978年标准""2008年标准"下的农村贫困人口，现行标准以下的农村贫困人口自2011年以来减少1.1亿，2015年还有5575万人，2018年底还有1 660万人。2015年9月，世界银行将贫困线设定为1.9美元/人·天。

（二）贫困文化的解释

贫困文化的解释即贫困文化论（culture of poverty）。"愚昧"的真正含义并不仅止于知识（或教育）层面，如果笔者将此提升到文化[①]高度来加以分析"贫困与愚昧"的关系，可能会发现更多的和内在的东西——贫困文化的影响、作用，而这些东西正是我们研究扶贫时要进一步探讨和揭示的。

所谓"贫困文化"是指贫困地区的民众由于长期处于贫困状态之中，逐渐形成了一套固化的价值观念、生活方式、行为规范，具体表现为自卑、无助、缺乏安全感、不求上进、固守旧有的生活方式、视野狭窄等，落后的价值观念与消极的人生态度在中国的贫困区域具有普遍性[②]。贫困文化是从社会文化学的视角对贫困现象进行解读的，刘易斯认为这种文化对其成员和社区产生了一种消极的社会和心理影响。面对贫困，生活在社区中的人们缺乏愉悦和满足感。在饥饿的压力下，精神萎靡（malaise）、酗酒成风，与外界交往时缺少应有的斯文和谦让。奥斯卡·刘易斯得出结论："在贫困阶层社会生活中形成的这种病态价值信仰系统的贫困文化，导致了他们不期望自身的经济繁荣与走向社会上层。长此以往，他们形成的相悖于主流社会的这种亚文化开始固化，并逐渐形成了一种生活方式"[③]。而这种生活方式延续了他们的贫困。

贫困从表面看是经济性的、物质性的，而从深层次剖析，则又是社会文化因素在起作用。这种社会的、文化的或心理的因素长期积累沉淀后就会形成落后的心态或思维定式、价值取向，进而形成顽固的文化习俗（或生活习惯）、意识形态（或理念）、固化的认知，即贫困文化。这种文化实际上是一种对于贫困的适应，使得沉没于这种文化的群体或个体无法发觉到它的影响作用，以至于在外人看来，他们安贫乐贫、自甘"堕落"，没有进取精神而不可教化。这正如沃尔曼（S.wallmam）所指出的"甘于贫困"的人，一旦形成这种贫困文化，以后对于任何能促进他的发展（如教育）和增加财富的事物都不感兴趣，以至于许多贫困者因外力帮助刚从贫困泥潭中爬出，旋

---

① 此处"文化"表现为区域人群的一种理念和思维方式，来源于教育行为、环境、历史等诸多因素，而集中表现出来。但是教育是让其改变的最好、最有效的方式之一。

② 张世定. 对贫困地区文化扶贫工作的思考[J]. 福建省社会主义学院学报, 2016(1): 97.

③ 刘易斯. 贫穷文化: 墨西哥五个家庭一日生活的实录[M]. 台北: 巨流图书公司, 2004: 107-127.

即又陷入贫困的沼泽。实际生活中，真正的穷人往往不重视知识教育，然而穷人所缺乏的正是教育，教育也是他们贫困的重要原因。

所以，固定贫困区域的人群由于外界历史等原因，将形成一种贫困文化，这种贫困文化是一种脱离主流文化的亚文化[①]，并对人群产生一种文化束缚，人们长期处于贫困文化的环境之中，将呈现出文化贫困现象，而由于文化贫困又将导致其长期处于贫困之中，要想使其改变文化贫困状态，最好的方式就是通过持续不断的教育投入、文化宣传、金融知识、财富积累等相关知识的宣传来进行文化扶贫，从文化的最高层次———思维理念来进行改变，从而深入贫困大众的心理、态度和思维价值体系之中，使贫困人群从文化贫困的状态中走出来，改变区域的贫困文化，从根源上长期脱贫。

"贫困文化"与"文化贫困"是两个完全不同的概念，"贫困文化"是一个区域的人们由于长时间受到的文化宣传、文化熏陶、教育转化等不足而形成的一个落后的价值观和思维结果，是在人们日常行为及思维中存在的一种思维定式，短时间内很难改变。而"文化贫困"是一个区域的人们参与外界的教育宣传、娱乐活动、文化活动等较少的一种现象，是一个过程。长期的"文化贫困"将会导致一个区域产生"贫困文化"。

四、贫困与文化的相关理论

关于贫困的理论比较多，本书只列出几个与金融扶贫、文化扶贫有关的理论，对金融扶贫与文化扶贫在整个扶贫过程中的不同阶段所起作用进行分析。

（一）"人力资本"理论

美国经济学家西奥多·舒尔茨（Theodore Schwltz）指出，人力资本投资

---

① 美国社会学家M. 罗吉斯和J. 伯德格在他们所著的《乡村社会变迁》一书中提出了农村贫民亚文化的概念，他们认为，由于贫民收入低，在社会处于受压迫地位，也由于他们除了贫穷很少知道其他东西，120万的乡村贫民表现出与美国社会大多数人不同的价值观。许多社会学家指出，虽然贫困表现了一种经济条件，但它同时也是一种自我维持的文化体系。穷人由于长期生活于贫困之中，结果形成了一套特定的生活方式、行为规范、价值观念体系等，而一旦此种"亚文化" 形成，它便会对周围的人（特别是后代）发生影响，从而代代相传，于是贫困本身便得以在此种亚文化的保护下维持。

是提升劳动者技能、提高劳动生产率和经济效率的有效途径[①]。他认为，长期以来发展中国家或贫困落后区域由于经济发展落后普遍对教育不够重视，与发达国家相比，教育投入占GDP比重较低。教育投入的不足导致人们对于问题的理解、看法、思维理念的落后和偏见，并导致人们教育素质低下、人才缺乏，在发展问题上较为短视，是发展中国家或区域贫穷落后的根源。因此，发展中国家或区域要想改变贫困落后的现状，必须大幅增加教育投入，特别是加大对落后贫困区域人口的教育投入，提高人们的文化素质，使之能够满足劳动技术发展及经济结构转型的需要，进而形成较为强大的人力资本储备，促进经济增长，为脱贫做出积极的贡献。既无知识又无技术的人是完全无依无靠的。

（二）"不耐性"理论

对于任何个人、家庭或企业组织，在其他条件不变的情况下，面对某一因素的变化，都会表现出对应的不耐性变化，这种不耐性变化将会进一步影响心理变化，进而对某些决策及行为选择等产生影响。

1、不耐性理论的概念

"不耐性"一词由欧文·费雪（Irving Fisher）在《利息理论》一书中首先提出，指同一个人在不同时间段，面对相等数量的金钱或财物时，所表现出的不同心理渴望度，而不同人对于同一数量钱物则表现出不同的心理渴望度。如同一个人在贫困落难与富有时，面对相等数额100元的需求时，表现出贫困落难时的"不耐性"大于富有时的"不耐性"。穷人与富人面对同样100元的需求时，穷人表现出的"不耐性"大于富人。具体分析见图2.2。[②]

---

① 舒尔茨. 改造传统农业 [M]. 北京: 商务印书馆, 1999.
② 穆玉堂, 孙少岩. 金融扶持与农村脱贫脆弱家庭投资行为选择机理分析 [J]. 当代农村财经, 2023（7）: 59-64.

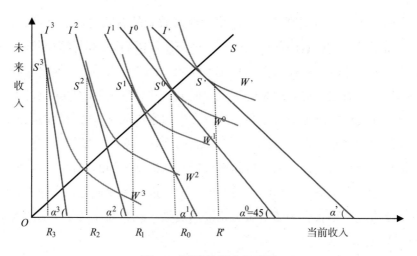

图 2.2　不耐性压力变动图

图2.2中，横轴表示某一家庭当前经济收入量，纵轴表示未来经济收入量，在横轴与纵轴之间画一条45°的对角线S，在S线上的任一点都表示家庭对当前收入与未来收入同等的渴望程度。通过相交于S线的一组曲线W，表示脆弱家庭不同收入状况时的不耐性，即志愿线[1]，垂直于S线画一条直线，（市场线[2]）I^0与曲线W^0相切于S^0点，则S^0正好在S线上，并与横轴相交成夹角α^0，且$\alpha^0=45°$，此时图中家庭经济收入量为R_0，表示一个家庭今天收入等于明天收入，其对于未来投资收获的渴望程度表现为无所谓，没有投资赚钱的强烈欲望，此时，不耐性$I_0 = \tan45°-\tan45°=0$。假如R_0点的收入地位就是贫困临界点[3]，处于右侧为脱贫状态，左侧为贫困状态。但是，随着家庭收入量的减少，其不耐性将逐步增大，当收入由R_0减少到R_1时，对应志愿线W^1，通过S线画一条直线I^1与W^1相切于S^1点，并与横轴相交成夹角α^1，显然$\alpha^1>\alpha^0$，$\alpha^1>45°$，

---

①　同一志愿线w上的各点具有相同的不耐性，只是对于今天收入与明天收入之间比例不同。

②　市场线是市场利率或家庭不耐性的替代表示方式，也叫"不耐性线"。

③　贫困临界点是阿比吉特·班纳吉在"贫困陷阱"理论中提出的，用于界定家庭单元处于贫困或脱贫状态的一个界点，家庭单元在经济收入上处于此点左侧或小于此收入水平时，表现为贫困状态；处于右侧或大于此收入水平时，表现为脱贫状态。详见：班纳吉.贫穷的本质 [M] .景芳，译.北京：中信出版社，2013：8–15。

则收入地位R_1时的不耐性为$I_1=\tan\alpha^1-\tan45°>0$[①]，通过$S$线画一条直线$I^2$与$W^2$相切与$S^2$点，并与横轴相交成夹角$\alpha^2$，显然$\alpha^2>\alpha^1>45°$，则此收入地位$R_2$时的不耐性$I_2=\tan\alpha^2-\tan45°>0$，而且大于$R_1$点时的不耐性，即$I_2>I_1$。以此类推，随着脆弱家庭经济收入地位下降到$R_3$点时，通过$S$线画一条直线$I^3$与$W^3$相切于$S^3$点，并与横轴相交成夹角$\alpha^3$，则$\alpha^3>\alpha^2>\alpha^1>45°$，此时所处收入地位的不耐性$I_3=\tan\alpha^3-\tan45°>\tan\alpha^2-\tan45°>\tan\alpha^1-\tan45°>0$。假设当通过超低收入地位志愿线的切线$I^X$与横轴相交成夹角$\alpha^x$时，脆弱家庭不耐性$I_X=\tan\alpha^x-\tan45°>0$，由于$\alpha^x\to90°$，$tg\alpha^x\to+\infty$，所以$I_X=\tan\alpha_x-\tan45°\to+\infty$，此时脆弱家庭经济收入为零并与纵轴重合，对生活和未来完全陷入绝望，在无限大的不耐性压力下，可能会做出许多难以让人想象的极端事情。

另一种相反情况是，通过S线画一条直线I'与W'相切于S'点，并与横轴相交成夹角α'，显然$\alpha'<45°$，则此收入地位R'时的不耐性$I'=\tan\alpha'-\tan45°<0$，市场利率表现为负值，以此类推，当脆弱家庭经济收入处在S'点的右侧，并且越向右移表现为经济收入越多，即$R^*>R'''>R''>R'$，且相对应的不耐性不仅为负数，而且还越来越小，$I^*>I'''>I''>I'$，$I^*\to-\infty$，表现为家庭宁可放弃当前较多收入去换取未来较少收入。如捐款或施舍等有钱的家庭，把自己的财产拿出相当大一部分分给贫穷人家等行为，有的甚至把万贯家产散尽，当然这种情况在现实生活中较少出现。

根据上述分析，家庭不耐性曲线的简单表示方法如图2.3所示。

---

① 任何一条与志愿线w相切并相交于横轴的不耐线（市场线），最终都在图2.2左上方与纵轴相交于一点。

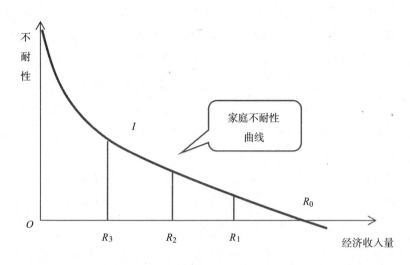

图2.3　家庭不耐性曲线直观图

图2.3为家庭不耐性曲线直观图，横轴表示家庭经济收入量，纵轴表示相应经济收入量所对应的不耐性压力，曲线I表示家庭单元不耐性变化规律。R^0点时的家庭经济收入对应不耐性为0[①]，因为图2.2中市场线I^p与横轴相交成夹角45º，表现为家庭对当前收入与未来收入的取舍都无所谓。

从图2.2、图2.3可以看出，① 同一脆弱家庭，当经济收入量减少时，表现出"不耐性"上升趋势，这种上升的"不耐性"易导致脆弱家庭做出错误、不冷静或极端的行为选择。当经济收入量增加时，表现出"不耐性"下降趋势，家庭生活压力减小而气氛活跃。② 当家庭不耐性为正值时，表现为"放弃未来，注重当前"，对钱看得很重。为负值时，表现为"放弃当前，注重未来"，对外捐款、施舍等。③当家庭经济收入量处于R_0左侧时，多表现为对内借钱生活。而处于右侧时，多表现为对外贷款生活。

2. 不耐性的几个节点

实际生活中，家庭不耐性曲线并不是图2.3中所表示的那样平滑，而是在某个关键节点突然升降，如图2.4所示。

[①]　为了方便，假设贫困临界点为R^0，且不耐性为0点，其实贫困临界点不耐性应大于0。

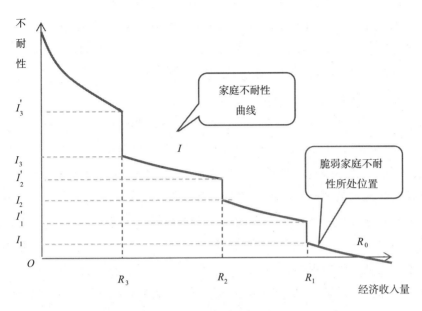

图2.4　实际家庭不耐性曲线

（1）临界点。对于一般脆弱家庭来讲，经济收入处于临界点R_1右侧时，家庭内无大事、外无外债，虽然不算富裕，但也不算困难，处于温饱以上状态。但是家庭一旦有某项大的投资开支，经济收入将向R_1点靠近并到达或越过。R_1点是一个临界点，一旦处于左侧时家庭将借钱生活，不得不为了得到较少的当前收入而放弃较大的未来收入，家庭将产生从此进入不断借钱生活的心理恐慌状态，不耐性压力将从I_1点状态骤然上升到I'_1点，且不平滑，接下来阶段不耐性压力将处于$[I'_1, I_2)$区间，但仍然可承受。如做生意或炒股，此点右侧就是挣钱，左侧就是赔钱，当达到马上就要赔钱这个关键节点时，心理上会表现为不耐性压力突然上升。

（2）追加投资点。当家庭因市场波动或不确定性风险因素影响，导致项目不得不继续追加投资，从而使经济收入减少达到R_2点时，且经济收入还有进一步减少趋势，家庭心理将表现出靠家庭正常劳动收入根本无法维持生活，不耐性压力再次由I_2突然上升至I'_2点，并长期处于$[I'_2, I_3)$区间。

（3）希望破灭点。如果家庭因前期投资导致经济收入进一步减少到R_3点，且此点也正是前期全部投资的产出收益点，如果此时受不确定性因素影响，导致产出收益不能实现而希望破灭，此时家庭心理处于卖房卖地、一生不吃不喝也无法还清前期投入的绝望境地，不耐性压力将由 I_3 点突然上升至 I'_3 点或直接进到 I'_3 以上高水平状态。此状态下的家庭往往表现为整天酗酒、自杀、打骂孩子、将别人的救济马上挥霍完的情况。

（三）"稀缺陷阱"理论

美国著名经济学家赛德希尔·穆来纳森（Sendhil Mullainathan）在《稀缺——我们是如何陷入贫穷与忙碌的》一书中[①]，从稀缺的角度出发，对贫穷人员进行了专门的心理研究，认为导致其贫穷的最直接的因素——金钱这个资源对贫困人员来讲是极为稀缺的，当人们处于金钱稀缺状态下，极易形成对金钱的管窥与带宽负担，从而形成"稀缺陷阱"，对于以后生活中如何挣钱、如何脱贫、如何做长远打算等方面不可能去精心正确地考虑，即使去考虑也只能是极为短视的，不会考虑长远，对于自己行为的决策也极易出现失误，从而让自己陷入更为贫困的境地。穆来纳森认为社会只能给他们一定的启动资金，让其暂时性地脱离贫困陷阱而形成的带宽负担，减轻他们的管窥心态，释放其多余的思维空间，在如何脱贫致富等方面，让其能在留有带宽余地的情况下做出正确选择，从而实现真正的脱贫。从这一点来看，与"贫困陷阱"提出的内容极为类似，对于贫困人员需提供一定的启动资金（扶贫资金的真正部分），然后让其实现未来收入大于现在收入，从而真正地实现脱贫。

（四）"贫困陷阱"理论

"贫困陷阱"理论讲述了你今天的收入会影响你将来的收入，这个将来可能是明天、下个月，也可能是下一代；你今天有多少钱决定着你吃多少，有多少钱用于买药、支付你孩子的教育费、为自家田地买来化肥或更好的种子，所有这些都决定着你明天会有多少钱。[②]

---

① 穆来纳森，沙菲尔. 稀缺：我们是如何陷入贫穷与忙碌的［M］. 魏微，龙志勇，译. 杭州：浙江人民出版社，2014.

② 班纳吉. 贫穷的本质［M］. 景芳，译. 北京：中信出版社，2013.

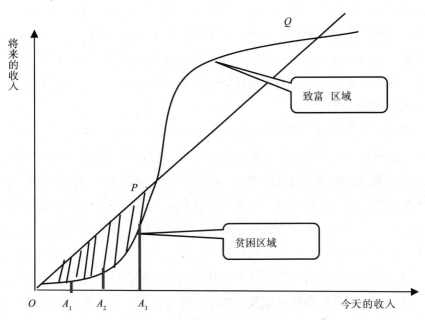

图2.5　S形曲线和"贫困陷阱"

图2.5中的S形曲线就是"贫困陷阱"的来源，横轴表示今天收入，纵轴表示将来收入，从对角线来看，假设今天的收入等于明天的收入，对于处于"贫困陷阱"（图中阴影部分）地带S曲线上的贫困人员来讲，其将来的收入低于今天的收入，曲线低于对角线。这就意味着，随着时间的流逝，这一地带的人会变得越来越穷，从O点开始到P点为止，A_1、A_2、A_3等各点的收入水平都低于将来的收入水平，其间的收入只能让其处于温饱或低于温饱的水平线上勉强度日，根本无力走出贫困的束缚和困境，无法脱贫。

而处于P点右边的人（超过P点上升到对角线以上），是属于脱离了"贫困陷阱"的人群，将来的收入大于今天的收入，生活中有盈余，日子会一天天地转好变富。

（五）"习惯性无助"的认知

1965年，一位名为马丁·塞里格曼（Martin Seligman）的心理学家利用条件反射原理，在研究动物时，开展了电击狗的实验。

他把一只狗关在笼子里，每天打开笼子的门时，狗就会往外逃脱，然后，他就用电棍电击这只出逃的狗，让狗在害怕痛苦的情况下回到笼子里。

以后每天都这样做，过段时间后，当把笼子的门打开时，狗就会痛苦的呻吟颤抖，再也不会主动地离开笼子，而是留在笼子里毫无反抗地承受即将电击的痛苦。心理学家把这种在多次受挫折之后对负面情景的无能为力感叫"习得性无助"。动物在心理及思想认知上形成一种思维——努力也没有用，还不如维持现状，听天由命。

其实，人类面对一些问题时和这些狗没有什么两样，在生命历程中，如果曾经历过惨败、虐打或控制感丧失，经过一段时间，你认识到你自己已无处可逃，这时候就算有逃离的机会，你也不会行动起来，你已经变成了一个虚无主义者，相信尝试无用，而不是怀有积极乐观的态度想要摆脱现实、改变现实。人承受挫折的能力有一定的限度，长时间连续遭受各种挫折之后，容易对自己产生怀疑。处在贫困中的人们也是一样，他们也不是天生喜欢贫困，也会想方设法地拼命摆脱贫困现状，但是如果在脱贫的路上一次次地失败，最后，在自己的思维意识及认知中，就会形成"习惯性无助"，认为自己天生就是贫困的命。

（六）仰视效应

有这样一种现象，人们在正常的工作接待中，当来宾只有一位客人时，接待人员自然会把全部精力和热情投入唯一的客人身上，不管他地位高低与否；当来宾有两个人时，接待人员会对身份尊贵和地位较高者投入更多或全部的精力和热情，对于另一位则一般对待或无人问津；当客人达到三位时，接待者则会把全部精力和热情投入身份最尊贵和地位最高的那位身上，其余两人则一般对待或无人问津；依此类推，不管客人有几位，只要是大于两位，接待者就会把几乎全部的精力和热情投入身份最尊贵和地位最高的那位身上，其余人员则一般对待或无人问津。可见人们的心态和眼睛总是如同仰视一样，只看到最高处，而处于后面或低处的则无人问津。

每年高考，当各省市等区域成绩一公布时，人们首先关注的是状元是谁？多少分？于是各大学便争先恐后地进入状元的人才争夺大战中，如同高考只有状元在考试一样，成绩较差的学生则无人问津，高考落榜的学生更是如同不存在一样而受到冷落，当地新闻、广播等各大媒体也会争先恐后地采访和宣传状元，对于他的学习方法、生活习惯、家庭情况等都如同真理规则一样地加以宣传和报道，如同只有他的学习方法或生活习惯等才是正确的，其实此时，社会更需要关注和安慰的是没有考好的落榜生，而如此的反差则加大了对他们的伤害。

再如创业中，一旦有个人成功了，各大媒体则对于他的先进经验、创业过程、办事能力、思维方式、人生轨迹等争先进行采访和宣传报道，把此成功人士各方面都说成神一样的完美无缺，恨不得把原来的缺点也说成优点。其实创业中的成功人士只是一小部分，大部分是不成功的失败者，但是却无人问津，对于他的去处或痛苦无人去问。

社会中，诸如此类的现象还有很多，讲到这里笔者不得不提扶贫的问题了，扶贫是在帮助贫困人员，与其相对的则是富人，如同上面的现象，社会上更多的也是宣传报道富人，他们是如何成功的、如何为社会做贡献，一旦其遇到一点困难，亲朋好友则争先恐后地为其借钱出力，相反，对于穷人，生活中一旦遇到困难，亲朋好友则都避而远之，如此一来，社会中富人易受到关注和吹捧，而穷人则备受冷落，真正是"穷在大街无人问，富在深山有远亲"。其实这也是一种文化习俗，此理念将会导致穷者更穷、富者更富。这也是贫困人员难以脱贫的原因之一。人们一般只仰视上层和高处，而不看或忽视下层，所以处于财富下层的穷人则易受忽视，难以得到社会的帮助，使其在帮助下脱贫。

如电影《隐入尘烟》中的主人公马有铁与曹贵英，在两个人相依为命的生活中，有无尽的艰辛，只能在社会最底层，在看似最不起眼的地方自找乐趣。

把上面所分析的社会及人们易看到上层而忽视下层、注重成功者而忽视失败者、关注富有者而忽视贫穷者的现象称为"仰视效应"。在这种效应下，成功者、富人等得到的关注或投入的财富会更多，其实他们并不一定真正需要，而失败者或穷人等得到的关注或投入的财富则很少或几乎被忽视而没有，但是他们更需要关注和财富的投入，此理论对于解释和解决扶贫问题有一定说服力。

第三章　我国金融扶持与文化扶持概况

一、金融扶持的体系架构

根据政治经济结构的不同，各国都有不同的金融扶持模式。温涛等学者总结了"一带一路"沿线国家金融扶持的主要模式，包括NGO 扶持、政府主导的正规金融扶持、互助组织+金融机构、合作性金融扶持、微型金融+技术培训援助等[①]。在过去几年扶持过程中，中国政府不断优化和完善金融扶持的政策体系和组织体系，逐步形成了一套具有中国特色的金融精准扶持模式。

（一）政策体系[②]

在精准扶持战略实施初期，中国政府通过顶层设计，构建了多部门参与的金融精准扶持体制，工作对接机构既包括政府部门（如财政部、民政部、人社部、发改委），也包括金融监管部门（如人民银行、证监会），还包括各类群团组织（如共青团、妇联、残联等）[③]。政府还对参与金融扶持的各类主体提出了不同要求：对政策性金融机构，要求其发挥导向作用，支持贫困地区基础设施建设和主导产业发展；对商业性金融机构，要求其创新产品和服务，增加贫困地区信贷投放，改善贫困地区金融生态环境。同时，强调充分发挥扶贫贴息贷款、小额信用贷款等在脱贫攻坚中的重要作用。为了进一步做好扶持开发金融服务工作，中国人民银行会同相关部门对政策执行的

---

① 温涛，王汉杰，王小华，等. "一带一路"沿线国家的金融扶贫: 模式比较、经验共享与中国选择 [J]. 农业经济问题, 2018（5）: 114—128.

② 潘功胜. 金融精准扶贫: 政策、实践和经验 [M]. 北京: 中国金融出版社, 2019: 3—7.

③ 2014 年1月, 国务院发布了《关于创新机制扎实推进农村扶贫开发工作的意见》。

目标和任务，以及考核和监测等方面进行了细化，提出做好扶持开发金融服务工作的重点支持领域，包括基础设施建设、经济发展和产业结构升级、就业创业和贫困户脱贫致富、生态建设和环境保护。在具体工作内容上，要求发挥政策性、商业性和合作性金融的互补优势，完善扶贫贴息贷款政策，优化金融机构网点布局，改善农村支付环境，推广小额贷款，创新金融产品和服务等。同时，强化货币政策、信贷政策、差异化监管政策、财税政策等保障措施，并建立由人民银行牵头、多部门共同参与的金融扶持大格局，形成人民银行各分支机构、财政部门、银行业监管部门、证券监管部门、保险监管部门、扶持部门等多方参与的信息共享和工作协调机制。

2017年9月，中国政府再次强调加大针对深度贫困地区金融扶持的支持力度，针对"三区三州"等深度贫困地区制定差异化信贷支持政策，在贷款准入、利率、期限等方面对建档立卡贫困户和扶持产业项目、贫困村提升工程、基础设施建设、基本公共服务等重点领域提供优惠政策；对"三区三州"符合条件的企业首次公开发行股票、在新三板挂牌等，加快审核进度；提高"三区三州"保险服务水平，加快发展多种形式的农业保险，适当降低贫困户保险费率。有学者指出：中国金融精准扶持的实践与创新要求金融部门优先满足深度贫困地区在资金和服务上的金融需求。

从总体上看，2014年以来，中国金融精准扶持政策设计主要呈现三大特点。一是各部门的联动进一步增强，形成了由政策制定者、金融管理者与金融机构等多方参与的金融扶持新格局。二是金融扶持手段更加多元，由原先单一的信贷扶持转变为现阶段信贷扶持、保险扶持、资本市场扶持、担保扶持等协同推进。三是金融扶持内容更加深化，金融扶持的重点不仅在于增加农民收入，还在于推动贫困地区生态建设、环境保护、产业结构升级、基础设施建设、创业促就业等。

（二）组织体系[①]

从国家层次上先后成立了专职机构：国务院贫困地区经济开发领导小组（1986年成立）、国务院扶贫开发领导小组办公室（1993年）、国家乡村振兴局（2021年），2023年3月国家乡村振兴局转置到农业农村部内部。

中国政府建立了国开行、农发行等开发性和政策性金融机构，农行和邮储银行等大型商业金融机构，城商行、农商行、农合行、农信社、村镇银行等小微商业金融机构组成的农村金融扶持组织体系。人民银行起到货币政策的引导作用。国家开发银行和中国农业发展银行作为政策性金融机构参与扶持，并发行政策性金融债专项用于易地扶持搬迁。中国农业银行、工商银行、邮政储蓄银行等大型商业性金融机构通过延伸服务网络、创新金融产品，增加了贫困地区信贷投放。省级扶持开发投融资主体，如农村信用社、村镇银行、小额贷款公司等金融机构为贫困户提供免抵押、免担保扶持小额信贷。此外，还包括培育发展农民资金互助组织、设立政府出资的融资担保机构等。表3.1 显示，尽管体量上差别较大，但不同类型的银行均参与到金融扶持中。

表3.1　中国金融机构扶持贷款年末余额及当年新增规模

单位：亿元

项目名称	2017年末		2018年末		2019年末		2020年末	
	余额	当年新增	余额	当年新增	余额	当年新增	余额	当年新增
金融精准扶持贷款	37 759	11 275	42 461	4 703	39 622	3 403	42 100	2 478
其中：								
开发性和政策性银行	23 057	6 559	24 260	1 202	20 751	1 777		
大中型商业性银行	8 052	2 526	10 509	2 456	10 769	1 773		
小型城市商业银行	1 192	372	1 461	270	1 637	94		
农村合作性银行	4 456	1 495	4 875	419	4 757	−439		
新型农村金融机构	159	76	186	26	177	−17		

资料来源：中国人民银行。

[①]　潘功胜.金融精准扶贫：政策、实践和经验［M］.北京：中国金融出版社，2019：8−12.

1. 开发性和政策性银行

国家开发银行和中国农业发展银行分别设立扶持金融事业部，专门负责金融扶持中的政策执行或监管。国家开发银行通过调剂信贷资源，支持贫困地区基础设施建设和新型城镇化发展。中国农业发展银行通过创新金融产品和服务，加大对贫困地区信贷支持力度，并在839个国家级贫困县设立扶持金融事业部或派驻扶持工作组，实现了贫困地区政策性金融服务机构全覆盖。表3.2显示，上述两大银行是金融精准扶持的重要保障，其中，农发行近3年的贷款余额均在万亿以上。此外，据农发行金融事业部统计，到2019年，全行累计向"三区三州"深度贫困地区投放扶持贷款1 871.6亿元，贷款余额1 033.05亿元。2020年发放金融扶持贷款5 244亿元，远远超过以往年度。

表3.2 开发银行和政策性银行金融扶持贷款年末余额及当年新增规模

单位：亿元

项目名称	2017年末		2018年末		2019年末		2020年末	
	余额	当年新增	余额	当年新增	余额	当年新增	余额	当年新增
开发性和政策性银行	23 057	6 559	24 260	1 202	20 751	1 777		
其中：								
国家开发银行	10 408	2 923	10 794	385	6 835	775		
中国农业发展银行	12 649	3 636	13 466	817	13 916	1 002	19 162	5 244

资料来源：中国人民银行。

2. 商业性银行

在中国金融扶持组织体系中，大中型商业银行在各自领域和各自行业内对脱贫攻坚做出了重要贡献，其中农业银行、建设银行、工商银行和邮政储蓄银行是推动金融精准扶持的重要力量，对贫困户脱贫和带贫经营主体的发展发挥了重要作用（表3.3）。各大商业银行均设立了三农金融事业部或普惠金融事业部。中国农业银行通过深化"三农金融事业部"改革，强化县事业部"一级经营"能力，提升对贫困地区的综合服务水平。中国邮政储蓄银行强化贫困地区县以下机构网点功能建设，积极拓展小额贷款业务，逐步扩大涉农业务范围，探索资金回流贫困地区的合理途径。其他商业银行通过创新信贷管理体制，放宽基层机构信贷审批权限，进一步增加对贫困地区的信贷投放。

表3.3　大型国有商业银行金融扶持贷款年末余额及当年新增规模

单位：亿元

项目名称	2017年末		2018年末		2019年末		2020年末	
	余额	当年新增	余额	当年新增	余额	当年新增	余额	当年新增
大中型商业银行	8 052	2 526	10 509	2 456	10 769	1 773		
其中：								
中国农业银行	3 171	952	3 854	683	3 942	642		
中国建设银行	1 818	682	2 201	383	2 195	287		
中国工商银行	1 550	435	1 979	429	1 704	236		
中国邮政储蓄银行	616	110	939	323	825	213		
其他大中型商业银行	897	347	1 536	638	2 103	395		

资料来源：中国人民银行。

3. 农村合作性和新型金融机构

农村合作性金融机构包括农村信用社、农村商业银行和农村合作银行，农村新型金融机构包括村镇银行、小额贷款公司，以及农民资金互助社等。在贫困地区设立农村合作性和新型金融机构是增加贫困地区信贷供给的有效办法。由于农村信用社、农村商业银行、农村合作银行在农村具有网点多、覆盖广的优势，从而成为农村金融服务对接贫困农户的主力军（表3.4）。

表3.4　农村合作性银行和新型金融机构金融扶持贷款年末余额及当年新增规模

单位：亿元

项目名称	2017年末		2018年末		2019年末		2020年末	
	余额	当年新增	余额	当年新增	余额	当年新增	余额	当年新增
合计	4 615	1 571	5 061	445	4 934	–456		
农村合作性银行	4 456	1 495	4 875	419	4 757	–439		
农村商业银行	2 565	1 257	3 168	603	3 332	-166		
农村合作银行	114	-27	80	-34	66	-12		
农村信用合作社	1 777	265	1 627	-150	1 359	-261		
新型农村金融机构	159	76	186	26	177	-17		
村镇银行	159	76	186	26	177	-17		
农村资金互助社								

资料来源：中国人民银行。

二、农村致富成就概况

按照每人每年2 300元（2010年不变价）的农村扶贫标准计算，2015年农村贫困人口有5 575万人，比上年减少1 442万人。2019年末，全国农村贫困人口为551万人，比上年末减少789万人；贫困发生率0.6 %，比上年下降1.1个百分点。2020年底，实现绝对贫困人员全部脱贫。全国农村居民人均可支配收入达到16021元，提前一年实现"比2010年翻一番"的目标，贫困县农村居民人均可支配收入年均增长9.7 %，比全国平均水平高2.2个百分点。截至2020年5月，全国原有的832个贫困县中有780个已宣布脱贫摘帽，尚有52个县没有摘帽；全国原有的12.8万个贫困村，到2019年底只有2 707个没有摘帽[①]，2020年底实现全部脱贫致富（详见表3.5）。

---

①　2020年5月全国两会上，李克强总理答记者问时指出：中国目前人均年可支配收入是3万元，但是还有6亿中低收入及以下人群，他们平均月收入也就是1 000元左右，这是一个十分严峻的现实。见：杜晓山. 加快补短板，确保全面建成小康社会［N］. 金融时报，2020–6–18（2）.

表3.5　按现行标准衡量的农村贫困人口状况

年份	贫困标准 （贫困线，元）	贫困人口 （万人）	贫困发生率 （%）	年脱贫人数 （万人）
1978	100	7 7039	97.5	
1980	130	7 6542	96.2	497
1985	206	6 6101	78.3	10 441
1990	300	6 5849	73.5	252
1995	530	5 5463	60.5	10 386
2000	625	4 6224	49.8	9 239
2005	683	2 8662	30.2	17 562
2010	1 277	1 6567	17.2	12 095
2011	2 300	1 2238	12.7	4 329
2012	2 300	9 899	10.2	2 339
2013	2 300	8 249	8.5	1 650
2014	2 300	7 017	7.2	1 232
2015	2 300	5 575	5.7	1 442
2016	2 300	4 335	4.5	1 240
2017	2 300	3 000	3.1	1 335
2018	2 300	1 660	1.7	1 340
2019	2 300	551	0.6	789
2020	2 300	0	0	551

数据来源：国家统计局历年农村贫困监测报告。

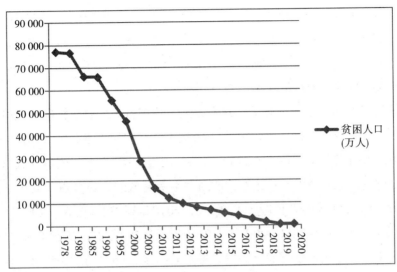

图3.1 中国贫困人口变化图

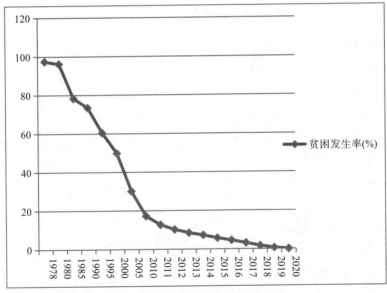

图3.2 中国贫困发生率变化趋势图

从表3.5、图3.1、图3.2来看，近年来扶持脱贫力度较大，成效明显，脱贫人口变化及贫困发生率变化呈同步下降趋势。特别是党的十八大以来，全国全社会加大了对扶持与脱贫的支持力度。2005年到2010年，中国贫困人口由28 662万人，降为16 567万人，减少了12 095万人，这5年时间的减贫数量，平均每年也只有2 400万人，但2010年到2011年减幅较大，从16 567万人减到12 238万人，减贫人数达4 329万人。但是脱贫工作越到最后越难，剩下的全是难啃的"硬骨头"，所以到了后期，特别是2012年和2018年以后，脱贫的年人口数减少的难度在不断增加。

扶持工作成就巨大。党的十八大以来，按现行（2011年标准）农村贫困标准测算，1978年农村居民贫困人口7.7亿人，贫困发生率为97.5 %；以2015年为例，农村贫困人口降到5 575万人，贫困发生率5.7 %。改革开放以来，我国农村贫困人口减少7.1 亿人，贫困发生率降低92个百分点，其中，21世纪以来我国农村贫困人口减少4.1亿人，2010年减贫1.1亿人，2015年减贫1 442万人，2018年减贫1 340万人，2019年减贫789万人，2020年减贫551万人，到2020年底实现全部脱贫致富，顺利转入乡村振兴的发展致富阶段（如图3.3所示）。

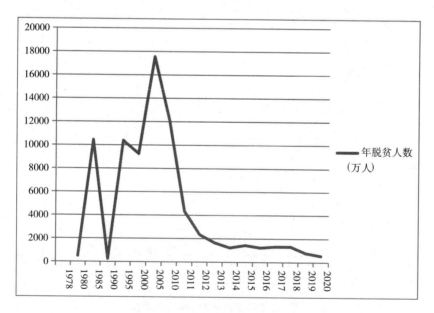

图3.3　年脱贫人数趋势图

从三大区域看，东、中、西部地区同步推进。2018年东、中、西部地区农村贫困人口全面减少。2018年末东部地区农村现有贫困人口147万人，比上年减少153万人；中部地区农村现有贫困人口597万人，比上年减少515万人；西部地区农村现有贫困人口916万人，比上年减少718万人。到2020年上半年，最后剩余的困难地区主要集中在西部地区。

分省看，2018年各省农村贫困发生率普遍下降至6 %以下。其中，农村贫困发生率降至3 %及以下的省份有23个，包括北京、天津、河北、内蒙古、辽宁、吉林、黑龙江、上海、江苏、浙江、安徽、福建、江西、山东、河南、湖北、湖南、广东、海南、重庆、四川、青海、宁夏等。

截至2019年底，在建档立卡贫困人员中，90 %以上得到了产业扶持和就业扶持，2/3以上主要靠外出务工和产业脱贫，工资性收入和生产经营性收入占比上升，转移性收入占比逐年下降，自主脱贫能力稳步提高。2013年至2019年，832个贫困县农民人均可支配收入由6 069元增加到11 567元，年均增长9.7 %，比同期全国农民人均可支配收入增幅高2.2个百分点。全国建档立卡贫困户人均可收入由2015年的3 614元增加到2019年的9 808元，年均增幅30.2 %。[1]

三、金融扶持制度变迁[2]

改革开放以来，中国扶持开发工作依次经历了救济式扶持、开发式扶持、攻坚式扶持、巩固式扶持以及精准式扶持五个阶段，而相应的金融扶持制度的变迁也深刻地表现出阶段性、差异性十分明显的扶持逻辑。

（一）救济式与金融扶持的萌芽阶段（1978—1985 年）

1978 年以前，国内经济萧条，百废待兴，大面积贫困现象广泛存在。为推动我国农村经济体制改革，发挥金融支农作用，1978 年12 月召开的十一届三中全会通过了《中共中央关于加快农业发展若干问题的决定（草案）》，提出恢复中国农业银行，由其统一管理支农资金，集中办理农村信贷，领导农村信用合作社，发展农村信贷事业。这一阶段，扶持政策目标主要以区域瞄准为主，着重关注"老、少、边、穷"地区的贫困问题。其中，

---

[1] 2020年3月6日，习近平主席在决战决胜脱贫攻坚座谈会上的讲话。

[2] 王修华，王毅鹏，赵亚雄. 改革开放40年中国金融扶贫动态演进与未来取向[J]. 福建金融，2018（12）：13–20.

采取的扶持措施包括：1980 年，国家设立财政专项扶贫资金，以帮助经济欠发达地区发展农业、乡镇企业、基础设施和文教卫生事业等；1984 年，中共中央、国务院发布《关于帮助贫困地区尽快改变面貌的通知》，明确对贫困地区进一步放宽政策、减轻赋税、加大教育投资和加快基础设施建设等，并划定18个集中连片贫困特区，采取直接转移资金、以工代赈等方式予以重点扶持。总体而言，该阶段扶持政策主要以向贫困农村地区和连片贫困地区直接转移财政资金为主，具有明显的救济性特征，金融扶持尚处于萌芽阶段。

（二）开发式与金融扶持的确立阶段（1986—1993 年）

1986 年，中央"一号文件"印发《关于一九八六年农村工作的部署》，确立了开发式扶持方针。这一时期，国家开始有计划、有组织地实施大规模的扶持开发计划，并开始引入信贷扶持政策。一是国务院成立贫困地区经济开发领导小组（现为国务院扶贫开发办公室），并在省、市、县建立相应的扶持开发办公室，形成一套全国性的扶持开发行政组织体系。二是实施贫困县制度，设立专项资金，对贫困县予以支持。其中，政府开始通过财政贴息方式，引导和鼓励农业银行和农村信用社加大对贫困地区的信贷投入，为包含农业和工业贷款项目在内的各项经济活动提供财政贴息扶持贷款，以扶持贫困农户发展生产，并取得良好成效[①]。同时，乡镇金融服务机构、农村合作基金会以及农村资金互助社等农村小微金融机构也得到了初步发展，发挥了促进贫困地区减贫脱贫的作用。1993 年，中共十四届三中全会通过《中共中央关于建立社会主义市场经济体制若干问题的决定》，确定了我国金融体制改革的总体目标，强调扶持贫困地区特别是革命老区、少数民族地区、边远地区等发展经济。总体而言，随着以扶持贴息贷款为标志的信贷扶持政策的制定与金融体制改革总体目标的确定，我国金融扶持政策在这一阶段基本得以确立。

---

① 中国农业银行统计数据显示，中国农业银行1986 年当年共发放23 亿元农村扶贫贷款，此后农村扶贫贷款数额不断增加，截至1993 年末，该行累计发放100 亿元。

（三）攻坚式与金融扶持的探索阶段（1994—2000 年）

随着农村改革的深化和扶持力度的加大，我国农村贫困现象得到一定程度的缓解[①]，但剩余贫困人口主要集中于自然环境恶劣、基础设施薄弱、公共服务缺失的边远山区，脱贫难度大。为持续推进脱贫攻坚，我国在坚持开发式扶持的基础上，逐步转入攻坚式扶持阶段。1994 年，国务院公布实施《国家八七扶贫攻坚计划》，要求由中国农业发展银行（以下简称"农发行"）执行扶持贷款政策，集中用于中西部深度贫困地区[②]，并要求国有商业银行每年安排一定的信贷资金，有选择地对贫困地区进行项目贷款扶持，探索可行的扶持贷款模式。需要指出的是，扶持小额信贷模式于1997 年被管理层正式推广，其主要通过政府扶持办下设的扶持社代替农发行办理发放。之后，这项工作于1998 年改由农业银行办理，贷款直接到村入户。1999 年后，中国人民银行先后出台了《农村信用社农户小额信用贷款管理暂行办法》和《农村信用合作社农户联保贷款管理指导意见》，农村信用社开始推广小额信贷业务，资金主要来源于中国人民银行发放的低息支农再贷款。这一阶段，金融扶持机构呈现政策性、商业性、合作性等多元化主体并存的局面，并尝试性地探索了扶持小额信贷模式，标志着我国金融扶持政策进入探索阶段。

（四）巩固式与金融扶持的深化阶段（2001—2013 年）

步入21 世纪，经过上一阶段的攻坚式扶持，我国扶持工作取得了显著成效[③]。为进一步改善落后地区基本生产、生活条件，我国适时转入巩固式扶持战略阶段。相应地，我国于2001 年颁布《中国农村扶贫开发纲要（2001—2010 年）》，提出在确保资金安全的前提下继续增加扶持贴息贷款投放量，并积极稳妥地推广扶持小额信贷。2006 年，为解决农村地区金融供给不足、

---

① 截至1994 年末，全国农村贫困人口已减少至8 000 万人，贫困县的数量调整为592 个。

② 1994 年，国务院发布《关于组建中国农业发展银行的通知》，成立我国唯一的农业政策性银行——中国农业发展银行，原来由人民银行和专业银行办理的国家扶贫贷款，从1994 年起全部划归农发行统一办理。

③ 2001 年国定贫困县贫困人口占全国贫困人口总数的比例下降至61.9 %，贫困人口由1978 年的2.5亿人减少至9 000 万人。

竞争不充分、银行业机构网点覆盖率低等问题，原中国银监会调整放宽了农村地区银行业金融机构准入政策，村镇银行等新型农村金融机构开始建立和发展。2008 年党的十七届三中全会通过的《中共中央关于推进农村改革发展若干重大问题的决定》更是明确提出建立现代农村金融制度。此外，2004—2010 年中央一号文件 均明确提出要改革农村金融体制，减少农村资金外流，增加金融机构"三农" 信贷投放，引入扶持再贷款制度，重视农业银行、农村信用社、邮政储蓄银行等金融机构的金融扶持作用，积极支持发展多样化的农村担保机构、农村保险业务及多种形式的微型农村金融组织，积极探索建立政策性金融机构、商业性金融机构、合作性金融机构和小额贷款组织互为补充、功能完备的农村金融体系。纵观整个巩固式扶持战略阶段，扶持金融的内涵得到了极大的丰富，不仅引入了包括中国农业发展银行、国家开发银行、国有商业银行、中国邮政储蓄银行、农村商业银行（农村信用社）和微型金融机构在内的多种金融机构，而且在扶持贴息贷款和扶持小额信贷的基础上，引入了扶持再贷款制度和农业保险机制，金融扶持制度从以往单一的信贷扶持向信贷和保险联合扶持转化。

（五）精准式与金融扶持的创新阶段（2014—2020年）

经过前几个阶段的扶持，我国贫困地区的经济、金融环境获得了显著改善，但囿于贫困识别和扶持方式不精准，我国仍难以完全攻克贫困难题。2013 年11月，习近平总书记赴湖南湘西考察时首次提出"精准扶持" 重要思想，标志着我国进入精准式扶持战略新阶段。为适应扶持的新动向，人民银行等7个部门于2014 年3 月联合发布《关于全面做好扶贫开发金融服务工作的指导意见》，提出扶持开发金融服务工作的总体规划及重点领域。2015年11 月颁布的《中共中央 国务院关于打赢脱贫攻坚战的决定》，将精准扶持、精准脱贫确定为我国农村扶持的基本方略，明确了财政部门、中央银行等金融管理部门以及各类商业性、政策性、开发性、合作性金融保险机构支持脱贫攻坚的具体任务。2015年12 月，国务院印发《推进普惠金融发展规划（2016—2020 年）》，将发展普惠金融帮助贫困地区减贫脱贫提升至国家扶持开发战略的高度。2016 年3 月，人民银行等7个部门联合印发《关于金融助推脱贫攻坚的实施意见》，紧紧围绕"精准扶持、精准脱贫" 基本方略，提出精准对接脱贫攻坚多元化融资需求等6个方面的政策措施，全面提升金融扶持的有效性。2016年9月，《中国证监会关于发挥资本市场作用服务国家脱贫攻坚战略的意见》发布，提出优先支持贫困地区企业利用资本市场资源，拓宽直接融资渠道，提高融资效率，降低融资成本，不断增强贫困地区自我发展能力。这一阶段，金融扶持主要呈现以下特点：一是金融扶持各部门的联动有所增强，形成了由政策制定者、金融管理者与金融机构等多方参与的金融扶持新格局。二是金融扶持手段更加多元，由原先单一的信贷扶持转变为现阶段信贷扶持、保险扶持、资本市场扶持、担保扶持等协同推进。三是金融扶持内容更加深化，金融扶持的重点不仅在于增加农民收入，还在于推动贫困地区生态建设、环境保护、产业结构升级、基础设施建设、创业促就业等。至此，我国金融扶持模式迈入了相对成熟的创新阶段。

（六）拓宽式与乡村振兴阶段（2021年至今）

2020年年底，我国已实现现有标准下绝对贫困人员全部脱贫，下一阶段就是巩固拓宽已有扶持成果，"三农"问题全部顺利转入乡村振兴阶段。

乡村振兴战略是构成习近平新时代中国特色社会主义思想的不可缺少的重要组成部分。早在党的十九大报告中，我党就针对我国"三农"情况，强调并且实施了乡村振兴战略，而且提出了"产业兴旺、生态宜居、乡风文明、治理有效、生活富裕"的要求。强调党对"三农"地位的总定位时指出，农业、农村和农民的问题与国计民生有着根本上的关系，必须始终把解决好"三农"问题作为全党工作中的重中之重。实施乡村振兴战略，是实现"两个一百年"奋斗目标的必然要求。第一个百年奋斗目标，是到2020年全面建成小康社会。全面小康不仅指城市小康，农村也要小康。只有农村甚至特贫地区全部脱贫实现小康，才能实现全面建成小康社会。因此，乡村振兴是实现小康社会的必然要求。实施乡村振兴战略，是实现全体人民共同富裕的必然要求。经历史研究，乡村是我国传统文化的发源地，在经济发展中一直占有重要地位。乡村振兴战略要求优先发展农业、农村，是对乡村发展地位和意义的肯定与认可，是建设社会主义现代化国家，实现共同富裕的必然要求。党的十九大提出的乡村振兴战略深刻地阐述了在新时代中国特色社会主义中，"三农"工作要注意的位置、方法和措施，这是我们实施乡村振兴战略的根本遵循。

四、金融扶持的主要模式[①]

2014 年以来,我国各地围绕"金融精准扶持"开展了一系列实践活动,梳理总结起来,目前国内有七种较具代表性的金融精准扶持模式,具体分析如下。

(一)政府主导的金融扶持模式

该模式下的金融扶持由政府部门、扶持机构、金融管理部门发起,包括4种细分模式。

1. 杠杆式金融扶持模式

该模式主要在广西、内蒙古、宁夏的贫困地区推广实践。该模式的主要形式是"银行+ 农牧户+ 风险补偿金",由地方政府部门、扶持机构运用专项扶持基金设立风险补偿基金池,为贫困户贷款提供担保和风险补偿。根据风险补偿基金或者风险担保基金额度,与政府开展合作的金融机构给予贫困户多倍于基金额度的贷款授信。目前,该模式的杠杆比例一般在1∶5至1∶12之间。通过杠杆效应,不仅可以提高政府扶持资金的使用效率,还可以增加金融扶持资源总量。在这种模式下,一旦贷款出现违约情况,地方政府就会按照与金融机构前期约定的分摊比例承担不良或问题贷款本息。

2. 扶持贴息贷款模式

地方政府部门为向贫困地区的特定地区、特定产业和特定贫困户提供贷款的金融机构提供贷款贴息补助,以降低贫困户贷款的交易成本。在这种模式下,金融机构与地方政府部门就扶持贷款的发放对象、金额、利息及贴息比例做出明确约定。

3. 民生金融扶持模式

地方政府部门及人民银行分支机构给予当地金融机构一定的妇女小额担保贷款、下岗失业贷款、大学生创业贷款等民生类金融贷款指标,帮助贫困

---

① 杨云龙,王浩,何文虎. 我国金融精准扶贫模式的比较研究——基于"四元结构"理论假说[J].南方金融,2016(11):73–78.

地区特定人群脱贫致富。

4. 央行再贷款扶持模式

人民银行分支机构以专用贷款的形式向涉农金融机构发放支农再贷款和扶持再贷款，支持金融机构向贫困户发放优惠贷款，支农再贷款和扶持再贷款是人民银行支持"三农"经济发展和金融精准扶持的重要工具。

（二）金融机构主导的金融扶持模式

该模式主要属于对困难家庭的经营性贷款，以包括商业银行在内的金融机构为主导，通过不断创新抵押、质押和担保的形式，创新贷款产品来实现金融精准扶持。该模式有3种细分模式。

1. "金融机构+互助金+贫困户"贷款模式

以互助协会或村委会为单位建立扶持互助金，金融机构以互助金为保障，向担保范围内的贫困户发放贷款。在我国各地具体实践过程中，该模式还衍生出"金融机构+互助金+担保/抵押+贫困户"等子模式。该模式具有杠杆效应，金融机构往往会向贫困户发放多倍于互助金的贷款。

2. "金融机构+农村产权抵押+贫困户"贷款模式

抵押或质押式贷款是商业银行目前主要的信贷模式，由于困难户缺乏可被金融机构接受的抵押物，部分落后地区正在进行"五权"抵押贷款产品创新尝试。"五权"包括农村土地承包经营权、林权、水域滩涂养殖权、集体建设用地使用权、房屋所有权。当前国内已经陆续出台包括《农村承包土地的经营权抵押贷款试点暂行办法》，中国银监会、国家林业和草原局联合印发的《关于林权抵押贷款的实施意见》等"五权"抵押贷款的具体实施办法，有的地区已经开始尝试发放"五权"抵押贷款，如四川、湖北、新疆等省区于2016年试点发放承包土地经营权抵押贷款，黑龙江、云南、河北、吉林等省份进行了林权抵押贷款的创新尝试。

3. "金融机构+公司担保/公务员担保/贫困户互保/协会担保等+贫困户"贷款模式

主要通过与困难户有经济往来和日常关系的公司、个人、基地、协会等提供担保，降低金融机构发放扶持贷款的信用风险，解决金融机构与困难户之间的信息不对称问题。该模式已经创新出二级担保、三级担保等多种形式。这种金融精准扶持模式的出现和发展既与贫困地区当地政府急于获得金融资源有关，也与金融机构不断下探零售信贷市场、大力拓展农村金融市场有关。

2014年年底，中国政府推出专门为建档立卡贫困户获得发展资金而量身定制的扶持贷款产品——扶持小额信贷，主要用于贫困户发展生产经营项目或支持贫困户带资入股参与新型农业经营主体经营，但不能用于子女上学、看病、还债等非生产性支出。主要是为贫困户提供5万元以下、3年以内、免担保免抵押、基准利率放贷、财政贴息、县级建立风险补偿金的信用贷款，并形成银、保、政三方共担坏账损失的机制。为了促进扶持小额信贷健康发展，政府监管部门提出，在风险可控的前提下可办理无还本续贷业务，对确因非主观因素不能到期偿还贷款的贫困户可协助其办理贷款展期业务。另一方面，通过推进贫困地区信用体系建设、完善风险补偿机制，进一步加强扶持小额信贷的风险防范措施。据人民银行统计，在2017年、2018年和2019年这三年间，扶持小额信贷年末余额分别为2 244亿元、2 393亿元和1 812 亿元。

（三）产业金融扶持模式

该模式以落后地区的蔬菜、林果、中药材、畜牧、手工业和乡村旅游等区域性优势产业为着力点，以一批覆盖面广、带动能力强、具有地方特色的龙头企业或处于农业产业链核心位置的企业为抓手，以财税政策、金融政策为主要手段，推进产业化金融扶持。产业金融扶持模式的出现有其历史必然性和现实可持续性。金融扶持与产业扶持的结合，实现了市场引导金融资源投入有竞争力的贫困地区产业，实现了金融扶持的导向性与系统性的统一。产业金融扶持能实现贫困地区产业发展由点式向面式、立体式的全面拓展，对增强贫困地区造血功能、降低返贫率的效果较好。

产业金融扶持有四种具体操作路径：一是金融机构向扶持产业的龙头企业发放贷款，扩大龙头企业的生产规模，带动贫困地区脱贫；二是金融机构为扶持产业的龙头企业及其上下游产业链中的贫困户或供应商办理集中信贷授信业务；三是在当地政府的主导下，龙头企业为其上下游产业链中的贫困户或供应商提供贷款担保，帮助贫困户或供应商获得贷款支持；四是当地政府部门与金融机构合作，以产业投资基金的方式支持贫困地区产业加快发展。

　　各大金融机构在支持产业扶持过程中，结合自身特点，创新推出金融产品，形成产业扶持的信贷支持模式，并健全产业扶持贷款风险补偿机制。如农发行支持产业扶持的"吕梁模式"，涉及贷款准入、资金投向、风险容忍等10个方面配套政策的制度设计。由地方政府与企业共同出资建立产业扶持贷款风险补偿基金，农发行按照全市补偿基金总额的5~10倍对纳入风险补偿基金项目库内的企业给予信贷支持，共同构建银行、企业和政府三方风险共担机制。通过"银行+企业"解决融资、"政府增信+企业资产应抵尽抵"解决担保、"企业+贫困户"解决脱贫，有效将政府、银行、企业、贫困户四方连在一起，形成脱贫合力。目前，该模式已在贵州、广西、新疆等7个省区13个贫困市县落地，累计带动3.5万贫困人员发展。

图3.4　2023年，舒兰市法特镇某农户养牛场（张洪妍 摄）

　　2020年，吉林省舒兰市法特镇某农户养牛场根据自身经验、技术和绿色秸秆材料等优势，发展起了养殖肉牛产业，虽然养殖规模不大——在20~30头牛左右，所需资金10万元，但是对于以小村小户为单位的农户养牛场来讲，所需的启动资金却也一时拿不出来，于是需要当地银行给予一定产业帮助，如小额贷款或无息贷款等，让需要资金的每家每户都能有自己的启动资金，充分发挥自己的技术与资源优势，实现发家致富。这种方式让镇里25％有能力的剩余劳动力得到了充分利用，并实现了技术与产业创收（如图3.4所示）。

（四）"电商平台+金融"扶持模式

该模式的主导方既可以是地方政府，也可以是包括银行在内的金融机构。互联网金融扶持模式的实现载体是互联网融资平台，其特点是凭借互联网融资平台，通过"线上"和"线下"联动或网络直接撮合交易，实现贫困地区借款人与贷款资金提供者的直接交易。以包商银行的普融惠农互联网金融扶持项目为例，该项目依托包商银行发起设立的扶持志愿者驿站和"小马bank"平台，实现对贫困户信贷资金需求信息的审查以及线上融资平台贷款资金供需信息的匹配撮合。

该模式为贫困地区金融扶持注入了新活力，开启了新思路。不过，互联网金融扶持模式的推广还面临着一些困难。一是资金成本较高，通过互联网融资平台得到的资金，其利息成本往往高于银行贷款。二是违约成本偏低，由于互联网融资平台的违约、逾期或恶性欺诈的数据信息无法体现在人民银行的征信数据库中，因此其违约成本低于传统银行贷款。

随着我国农村电子商务的快速发展，不少贫困地区的政府部门把扶持农村电子商务产业发展作为金融扶持的一条新路径。同时，部分金融机构逐步加大与电商平台的合作，在农村地区大力推广网上支付、电话支付、手机支付等新型第三方支付业务，以及针对电商平台商品的分期消费贷款产品。在"电商平台+金融"扶持模式下，电商平台和金融机构开展合作，为贫困户提供包括信息技术、农资购买、第三方支付、店定店取、农产品网上销售等一揽子金融服务。该模式实现了"资金流""仓储物流""信息流"的有机结合，帮助贫困地区的贫困户提高经济能力、获得金融资金支持。该模式的创新有利于构建贫困地区涉农大数据库，便于挖掘、搜集、处理和整合贫困地区涉农大数据，解决农村地区产销信息不对称的难题，并推动贫困地区经济生产方式发生根本性变革。不过，该模式也面临着贫困地区互联网普及率低、物流配送基础设施建设滞后、人才缺乏等问题。

（五）金融支持易地扶贫搬迁

根据中国精准扶持战略的布署，作为开发性银行的国开行和政策性银行的农发行是易地扶贫搬迁中金融支持的关键力量，为易地扶贫搬迁提供金融综合服务，包括信贷资金筹集、使用和监测，并为搬迁后续产业发展提供金融支持。比如，农发行通过发行政策性金融债，按照保本或微利的原则发放长期贷款，为省级投融资主体提供易地扶贫搬迁长期贷款和专项建设基金；专项用于易地扶贫搬迁（包括住房建设、安置区配套基础设施和公共服务设施建设）。扶持专项金融债券引领社会资金支持扶持事业，是金融扶持模式的重大创新，也是债券市场的筹资新模式。2016年4月，农发行发行金融系统首笔易地扶贫搬迁专项金融债券，筹资100亿元。此外，农发行还推出易地扶贫搬迁专项贷款和易地扶贫搬迁项目贷款，对建档立卡人口搬迁，通过统贷的方式，向省级投融资主体发放易地扶贫搬迁专项贷款；对同步整村搬迁，通过分贷的方式，向地方政府授权的市、县级公司发放易地扶贫搬迁项目贷款。截至2019年年末，国家开发银行、农业发展银行共发行易地扶贫搬迁专项金融债券1 939亿元。在2017—2019年，年末易地扶贫搬迁贷款余额分别为3 439亿元、3 397亿元和2 741亿元。

（六）国际金融组织参与扶持开发模式

该模式是指国际金融组织（如世界银行、亚洲开发银行）为我国贫困地区提供长期优惠贷款和政策性建议，支持我国金融精准扶持战略。该模式在我国最成功的案例是西部扶持世界银行贷款项目和中国贫困片区产业扶持试点示范项目。以中国贫困片区产业扶持试点示范项目为例，世界银行提供1.5亿美元贷款，贷款期限29年，支持四川、贵州、甘肃3省农民专业合作社，帮助其尽快实现农业产业化。该项目覆盖3省27个县、537个村，重点帮扶400余个农民专业合作社，在提供生产和经营资金支持的同时，还提供技术咨询服务、保险、培训等帮助，以提高农业生产率和产品质量，促进贫困地区农民增收。国际金融组织参与扶持开发模式的引入，有利于调动国外资金和智力资源参与我国精准扶持开发工作，也有利于我国借鉴国际先进扶持经验和发展模式，为精准扶持找到突破点。

（七）社会扶持组织金融扶持模式

该模式是指由我国各类社会组织发起，以产业扶持、教育扶持、农村信息化扶持、文化扶持等项目为载体的金融扶持活动。该模式的最大特点是发动社会力量参与金融精准扶持，其典型案例包括中国扶持开发协会设立的

"星火扶持创业基金"项目、深圳惠民产业扶持股权投资基金合伙企业发起设立的惠民产业扶持基金、中国扶持基金会的小额信贷项目和溪桥工程项目。和其他模式相比，该模式的社会参与度较广，但获得的金融资源量相对较少，以非营利为目的，项目的可持续性往往偏低。

五、文化扶持的制度变迁

自1986年我国有计划、有组织地推进大规模扶持开发工作，文化扶持一直得到了国家和地方政府的高度重视，并与金融扶持及其他扶持方式齐头并进，总结起来，文化扶持实践大致经历了以下三个重要阶段。[①]

（一）渐进式实践探索阶段

20世纪90年代初，我国开始探索如何加强贫困地区公共文化建设，打破贫困地区"越穷越没文化，越没文化越穷"的恶性循环。1993年12月，文化部成立了中国文化扶持委员会，专门负责贫困地区文化扶持工作，文化扶持作为专项工作被纳入国家公共文化建设范畴。1994年初，文化扶持委员会联合农业部、团中央、原新闻出版总署启动了"万村书库"工程，为10 000个农村建设村级图书室，组织力量编写农村最实用的图书，目的是通过向农村输送图书，促进农民读书用书，提高农民素质，开启农民智慧，改善农村文化环境，推进农村生产发展，从精神上、科学技术上引导农民脱贫致富。[②]1994年下半年，文化扶持委员会在革命老区、贫困地区、民族地区开展了"电视扶持工程"，为这些地方的群众建设卫星电视接收器，方便他们观看电视了解外界讯息。1995年4月，文化扶持委员会在农村又实施了"为农村儿童送戏工程"，组织儿童剧团下乡，让农村儿童看上有教育意义的儿童剧。为了大力推进农村精神文明建设，满足广大农民的精神文化生活需求，1996年12月，中宣部、文化部、农业部、国家科委等十余部委联合发出通知，决定在全国农村开展文化、科技、卫生"三下乡"活动，把

---

① 岑家峰，李东升，梁洁.精准扶贫背景下贫困地区文化扶贫路径研究[J].社会纵横，2018，33（6）：60-65.

② 张成行."万村书库"：具有强大生命力的惠农工程[J].求是，2005（10）：60.

文化、科技、法律、卫生等各方面服务送下乡，引导农民解放思想、更新观念、提高素质、增强致富能力，这项活动已经持续开展了20多年，已经形成常态化机制。详见图3.5。

图3.5　2023年，河北省任丘市袁果庄村裕家学堂（左）河北省任丘市袁果庄村裕家学堂（右）

（高烨含 摄）

（二）全方位整体推进阶段

进入2000年以后，国家对文化扶持更加重视，文化扶持工作进入整体推进阶段。2006年，文化部颁布的《国家"十一五"时期文化发展规划纲要》首次提出"坚持城乡、区域文化的协调发展"方针，将农村公共文化建设纳入国家公共财政保障范畴，开启了我国基本公共文化服务均等化、标准化制度重建进程，随后在农村实施了一系列公共文化基础建设工程。2008年12月，中国扶持开发协会启动了旨在为贫困地区提供信息、教育、文化支持的"文化扶持工程"，成立了中国扶持开发协会宣传教育委员会，专门负责文化扶持工作，组织实施了包括文化扶持开发研究、村落文化建设、公益文化场馆建设、文化资源开发、文化扶持交流与合作等10项文化扶持项目，其中的很多项目目前还在实施过程中。

（三）全面提升加速阶段

2015年后我国扶持开发工作进入新的阶段，精准扶持上升为国家战略，国家对贫困地区公共文化建设更加重视，党的十八届五中全会明确提出"坚决打赢脱贫攻坚战""引导文化资源向城乡基层倾斜"，同时出台了一系列重要文件对加强贫困地区公共文化建设作出部署。2015年1月，中共中央办公厅、国务院办公厅印发《关于加快构建现代公共文化服务体系的意见》，提出要推动革命老区、民族地区、边疆地区、贫困地区公共文化建设实现跨越式发展，要按照精准扶持的要求，集中实施一批文化扶持项目，表明党和国家将文化扶持工作摆在更加重要的位置。为推动贫困地区公共文化建设跨越式发展，促进贫困地区整体脱贫致富，2015 年12 月，文化部联合国务院扶持办等七部委共同印发了《"十三五"时期贫困地区公共文化服务体系建设规划纲要》，明确了贫困地区公共文化服务体系建设的总体目标、实施范围、具体措施，这是我国贫困地区全面建成小康社会的基本公共文化服务顶层设计，也是指导贫困地区文化扶持的行动纲领。2017 年6 月，文化部又发布了《"十三五"时期文化扶贫工作实施方案》，从总体要求、工作目标、主要任务和保障措施等方面对文化扶持工作进行了具体部署，加大了文化扶持的政策和资金扶持力度，推动贫困地区文化扶持工作有序开展。目前山东、广东、安徽、河南等地都已经出台了具体措施指导开展文化扶持工作，促进文化扶持各项工作落到实处。

第四章　金融扶持与文化扶持承接性实证分析

一、文化扶持与金融扶持的实证分析

本书主要结合"贫困陷阱"理论、"文化层次性"理论及"不耐性"理论，解释与分析目前我国金融扶持与文化扶持的逻辑关系、先后关系、扶持绩效等，并结合具体调研实例和数据来分析每个过程中的发展致富现状，解释当前我国扶持工作中应当运用的金融与文化扶持方式，以及在不同阶段所运用哪种方式的合理性与必要性。

（一）"贫困陷阱"理论与延伸

上文已经论述了"贫困陷阱"理论主要讲述贫困群体今天的收入会影响将来的收入，今天有多少钱决定着他们能吃多少，有多少钱用于买药、支付孩子的教育费、为自家田地买来化肥或更好的种子，所有这些都决定着他们明天会有多少钱。同时，还意味着处于贫困群体来讲，明天的收入低于今天的收入，其今天的收入如果正好或尚不能维持正常的生活，那么今天每一项投入都会透支明天的收入，而且明天的收入相对于今天收入来讲还更低，导致明天转化下的今天收入更难以维持正常生活，即今天不投入，将处于贫困状态，如果透支将来收入进行投入，将会在图4.1中表现为 A_3 点向 A_2 或 A_1 点移动，随着时间的推移，使其变得越来越穷。如生活中，某家庭突然出现病人，不得不借钱看病治疗，借钱就意味着透支将来收入，导致时间推移到将来时，因其收入已经提前消费看病，故此当前收入减少或没有，生活陷入困境。（详见图4.1）。

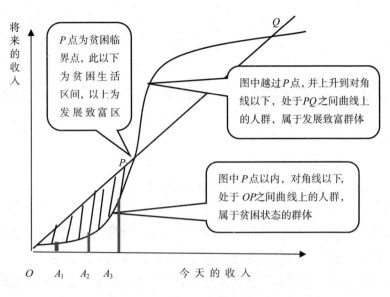

P点为贫困临界点，此以下为贫困生活区间，以上为发展致富区

图中越过P点，并上升到对角线以下，处于PQ之间曲线上的人群，属于发展致富群体

图中P点以内，对角线以下，处于OP之间曲线上的人群，属于贫困状态的群体

图4.1　S形曲线和"贫困陷阱"

从O点开始到P点为止的OP曲线，此人群处于对角线以下，将来收入小于今天收入，A_1、A_2、A_3等各点的人群将来收入水平都低于今天的收入水平，又因为没有将来收入，增加了其不耐性，其间的收入只能让其处于温饱或低于温饱的水平线上勉强度日，而且随着时间的推移，其家庭透支欠账积累会越来越多，致使其根本无力走出贫困的束缚和困境，越来越贫穷，无法发展致富。

而处于P点右边的人（超过P点上升到对角线以上）是属于脱离了"贫困陷阱"的人群，其将来的收入大于今天的收入，生活中有盈余，日子会一天天地转好变富，今天也可以正常消费敢于花钱，而且随着时间的推移，其家庭财富积累会越来越多。对于这个"贫困临界点"P，亨利·乔治（Henry George）在《进步与贫困》一书中也多有相同论述，他把这个点称为"分裂点"，提出，"我们称为物质进步的那种决计不能在健康、幸福生活的必需品上改善最底层阶级的生活条件，不仅如此，它还进一步压低了最底层阶级的生活条件。新的力量发展虽然有上升的性质，但它不是人们长时间希望和相信的那样，对最底层的社会结构起作用，而是在位于社会结构顶部与底部中间的一点上穿透它，好像一个巨大的楔子，不是在社会底部打进去，而是在社会中部穿插过去，这个穿插的地方如同一个分裂点，而那些在分裂点以上的人们处境上升了，而那些在分裂点以下的人们的处境反而更加困难了，一切希望被压碎了"[①]。

对于我国扶持工作来讲，应分为两步走：

第一，"贫困临界点"以下。对处于"贫困陷阱"中的群体进行扶持时，应以金融扶持为主，增加其今天当期收入，相对增加其将来收入，使其在今天投入或面对生活困境时，不至于因透支将来收入而使生活陷入困境，无法发展致富。

第二，"贫困临界点"以上。达到或超越"贫困临界点"P的人（超过P点上升到对角线以上），属于正在脱离或已经脱离了"贫困陷阱"的人群，对他们应多应用文化扶持方式，用文化理念的作用来长时间地改变其贫困状态。

但是在整个扶持过程中，金融扶持和文化扶持需同步进行，但前期发展致富期间应以金融扶持为主，发展致富以后以文化扶持为主，即短期靠金融扶持，长期靠文化扶持。下面将对处于"贫困陷阱"中的人群和发展致富以后的群体分别进行实证及理论分析。

（二）金融扶持绩效："贫困临界点"以下

本部分内容主要研究分析对于处于"贫困临界点"以下的贫困人群，为何重点进行金融扶持，此阶段金融扶持效果为何会更好。

中华人民共和国成立以来，我国根据经济发展现状，不同时间阶段制定了不同的贫困线，具体见表4.1。本书所指的"贫困临界点"就是不同阶段制定的贫困线。

表4.1　我国按现行标准衡量的农村贫困人口状况

年份	贫困标准（贫困线，元）	贫困人口（万人）	贫困发生率（%）	年脱贫人数（万人）
1978	100	77 039	97.5	
1980	130	76 542	96.2	497
1985	206	66 101	78.3	10 441

①乔治. 进步与贫困［M］. 吴良健，王翼龙，译. 北京：商务印书馆，2010：16.

续表

年份	贫困标准 （贫困线，元）	贫困人口 （万人）	贫困发生率 （%）	年脱贫人数 （万人）
1990	300	65 849	73.5	252
1995	530	55 463	60.5	10 386
2000	625	46 224	49.8	9 239
2005	683	28 662	30.2	17 562
2010	1 277	16 567	17.2	12 095
2011	2 300	12 238	12.7	4 329
2012	2 300	9 899	10.2	2 339
2013	2 300	8 249	8.5	1 650
2014	2 300	7 017	7.2	1 232
2015	2 300	5 575	5.7	1 442
2016	2 300	4 335	4.5	1 240
2017	2 300	3 000	3.1	1 335
2018	2 300	1 660	1.7	1 340
2019	2 300	551	0.6	789
2020	2 300	0	0	551

数据来源：国家统计局历次农村贫困监测报告。

图4.2中的"贫困临界点"P点就是表4.1中所列出的贫困线，即2020年贫困线2 300元，对于年收入不足2 300元/人的群体来讲，都处于图4.2阴影部分OP曲线所分析范围。

对于处于"贫困陷阱"内的人进行扶贫的目标是，如何尽快地使OP曲线上各个点的贫困群体在收入上快速达到"贫困临界点"P。要想达到P点，最好最有效的办法就是对贫困群体给予金融物质帮扶，[①]用金融扶持的资金或物资来替代其当前生活应急必需性投入，如孩子上学，看病医疗，抗旱抗

---

① 金融物质的给予，是直接给钱、给物及各种生活用品，给钱是让其自己购买急需的物资或用于医疗等开支，给物是给予其当前急需的物资，如果给钱贫困人员也会自己去购买此物资。而且，这些钱物是给予的，不是借还的。

涝，购买种子、化肥、农药等。让其不至于去借款来透支将来收入。

图4.2中，对于处于"贫困陷阱"内的人来讲，因为其将来收入小于今天收入，而且今天收入尚不能保障其正常生活开支，导致其在平时生活中都不敢花钱、不敢投入、不敢创业，表现为"不耐性"[①]极大，行事时处处表现为短期行为，此时，对于金融物质扶持来讲，应加大对其金融物质的投入，并在今天收入上达到"贫困临界点"P，让其今天能感觉到明天有政府组织的扶持，这月还能看到下月的扶贫资金的流入，并来弥补其生活收入水平差距，用金融扶持资金等补贴其将来收入与今天收入的差值，在今天收入与将来收入上都能达到"贫困临界点"P，推动其尽快实现超越"贫困临界点"P，转入用文化知识增加其源源不断的未来收入阶段。

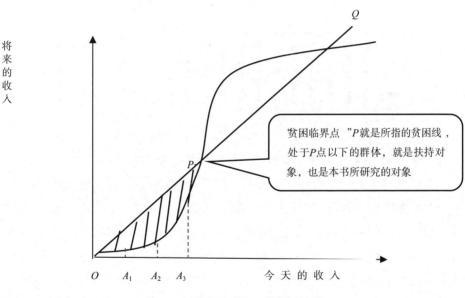

图4.2 "贫困陷阱"下的金融扶持

处于"贫困陷阱"阶段的人，在当前情况下，无论办什么事情，如买化肥、农药、种子、看病就医、上学等，都要考虑今天的超额消费投入现在

---

① 即时间偏好，是指现在财货更多一个单位的现在边际欲望，大于将来财货更多一个单位的现在边际欲望的超出部分（以百分率表示）。一般而言，在其他条件相等的情况下，收入愈少，则现在收入优于将来收入的偏好越大。这就是说尽早获得收入的不耐性愈大。故而贫困对于人生的所有时期都有重大压力，但是它加强对即刻收入的欲望都更甚于加强对将来收入的欲望。

是否有能力承担，在当前贫困的收入条件下，是否有多余的资金用于开支，如果开支则是建立在透支将来收入的基础上，导致将来收入减少，如果将来收入不能用额外收入①及时弥补，则会导致将来的生活陷入困境，明天会更加难过。所以，对于处于贫困陷阱临界点以内的人来讲，不管是处于哪个点的什么位置，如果没有外力帮助其脱离临界点，其生活将会越来越困难，最终回到向原点O靠近的更加贫困境地。现将处于"贫困陷阱"中的人群的各种情况进行分析，存在3种情况：今天收入 = 将来收入；今天收入 > 将来收入；今天收入 < 将来收入。

①今天收入 = 将来收入。贫困群体正常生活，平时没有投入、孩子上学、大病治疗等。见图4.3（a）。

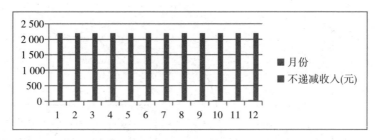

图4.3（a）　贫困人员今天收入等于将来收入图（金融扶持前）

处于此水平的贫困群体，平时家中没有什么大事或意外事件发生，生活平淡，勉强度日，靠自身挣钱能力不能改善收入水平，在短期内要想让他们发展致富，只能依靠政府及社会组织给予金融扶持（每月300元，增加其今天收入达到2 500元，使其在今天收入上达到"贫困临界点"）水平，使其收入水平由原来的2 200元，提高到2 500元。见图4.3（b）的蓝线部分。同时，加大文化教育扶贫力度，利用文化教育扶持改变其懒惰、不主动等思维，激发其靠劳动增收的内生动力，由外力短期"输血"转入长期"造血"。使将来收入永远处于2 500元或以上水平，实现完全发展致富。

---

① 此时的额外收入就是指政府组织等给予的金融扶持资金等。

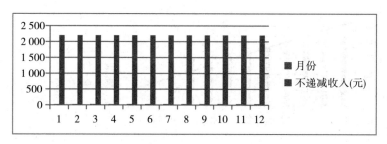

图4.3（b）　贫困人员今天收入等于将来收入图（金融扶持后）

②今天收入＞将来收入。贫困群体在平时生活中，意外出现天灾人祸等大项资金开支。见图4.4。

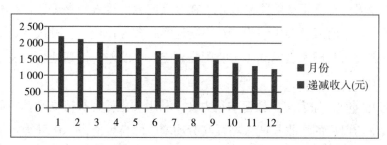

图4.4（a）　贫困人员今天收入大于将来收入正常图（金融扶持前）

此类贫困群体的将来收入小于今天收入，其正常生活时，呈现出收入越来越少、日子越过越艰难的趋势，也正是因为其将来收入越来越少，才使其长期处于"贫困陷阱"状态。见图4.4（a）。

但是，就是这样将来收入越来越少的状态，还会因意外事件的发生而使其雪上加霜，进一步陷入困境。在其平时生活中，不时地出现意外资金开支，如孩子上学学费、大病治疗、家中房屋倒塌维修、农作物受灾等天灾人祸，而且此类资金开支还不得不开，如果开支将不得不借钱，透支将来收入，况且其将来收入本来就不高，正常情况下就越来越少，如果再加上今天提前借钱开支，将进一步减少将来收入，加大以后生活的贫困度，越来越远离"贫困临界点"，使其完全陷入"贫困陷阱"。见图4.4（b）。

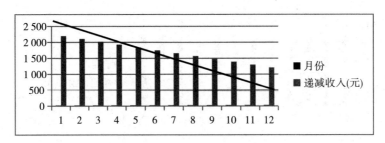

图4.4（b）　贫困人员今天借钱透支将来收入变化图（金融扶持前）

对于此类贫困群体来讲，最好由政府及社会扶持组织给予其金融扶持，用以弥补其今天的应急性资金投入，不至于依靠透支将来收入弥补今天开支，即今天的开支不影响将来收入。在今天应急性投入开支过后，将来的正常生活中，政府或社会组织仍持续不断地实施金融扶持，金融扶持资金量补齐其将来收入与国家贫困线（"贫困临界点"）的差，使其处于发展致富状态。见图4.4（c）。

与此同时，加大文化教育扶贫力度，利用文化教育扶持提高贫困群体的劳动效率与以后的增收技能，增强其劳动增收的自生能力，由外力短期"输血"实现向长期"造血"的转化，使将来收入永远处于2 300元或以上水平，实现完全发展致富。实现在短期困难时依靠政府组织金融扶持渡过难关，长期依靠文化教育生成的生存技能自身"造血"。

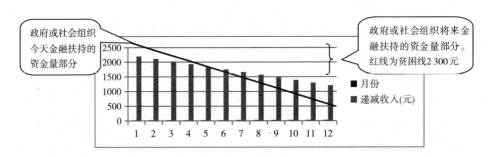

图4.4（c）　贫困人员今天借钱透支将来收入变化图（金融扶持后）

例如：2017年10月，时任贵州省毕节市织金县副县长的祝武峰，来到板桥镇白果村一贫困户家中，当时气温已很低，可是看到贫困户家中3个小孩子还光着脚，大的7岁，小的3岁，孩子父亲患尿毒症去世了，母亲离家出走了，3个小孩子跟着奶奶和双目失明的爷爷挤在一间不到30㎡的土坯房里，祝武峰看后掏出身上的2 000元钱交给了老人。甘肃省临夏市一贫困农民，靠种植土豆为生，家庭年收入仅9 000元，家中5口人，夫妻二人、生病老父亲、两个孩子（一个18岁，一个16岁），妻子近年来身体状况不好，干不了地里农活，家庭收入符合上述情况：收入递减，因为生病老父亲每年药费开支固定，但是大孩子面临上大学需要学费开支，再过两年小孩子也会上大学，丈夫还想扩大土豆种植面积等，今年勉强度日的9 000元已不能满足今年应急经费开支，此时，要想渡过眼前难关，只能借钱以后再还，透支将来收入，况且将来收入还在递减，连9 000元收入都达不到。此时甘肃省临夏州扶贫办了解情况后，帮助解决孩子大学学费和部分医疗费，给予扶持贷款支持其扩大土豆种植面积，并且扶持政策内，以后还会定期给予一定的金融扶持资金，补齐将来收入与"贫困临界点"的差额，这样，其今天的应急性投入开支就不会影响将来收入，况且帮助两个孩子上学，实现了文化教育扶持投入，在以后的将来，随着两个孩子大学毕业以及观念、思维、增收技能的改变等，将会使其全家年收入始终处于"贫困临界点"以上，实现完全发展致富。

以上两个贫困例子要想说明的关键问题是：贫困家庭今天面临应急性困难时，政府扶持组织通过金融扶持解决了其资金需求，没有透支挤占将来收入，在后期，政府持续金融扶持补齐了将来收入与"贫困临界点"的差额，使其处于发展致富状态，在将来，文化扶持的效果增加了其将来收入，减小了当期的不耐性，实现了真正发展致富。

欧文·费雪（Irving Fisher）从贫困人员收入量的利息理论出发，提出：在其他条件相等的情况下，收入愈少，则现在收入优于将来收入的偏好愈大；这就是说，尽早获得收入的不耐性愈大。贫困对人生的所有时期都是重大压力，但是它加强了人们对即刻收入的欲望更甚于加强对将来收入的欲望。人们要免于饥饿，不仅要有一个最低限度的现在收入，而且他的收入越是接近于这个最低限度水平，那么现在收入比起将来收入就愈显贵重了。低额收入的人比高额收入的人对时间形态的不耐感应更为灵敏。对于一个贫困人员来讲，现在生活的极微小限制（减小）就足以大提高他对现在收入的不耐；反之，他的现在收入有极微小的增加，就足以减少他的不耐。[①]

通过以上欧文·费雪对贫困人员收入量和收入时间形态的分析来看，对于贫困人员来讲，最好的办法就是给予金融扶持增加现在收入量，减轻其生活中不耐性，从而降低贫困人员带宽负担，带宽负担越小、不耐性越低，平时做出决策的错误性越低，生活越有远见，更能考虑长远，有利于真正长期发展致富。[②]

③今天收入 < 将来收入。贫困群体在平时生活中的家庭负担逐渐变小，逐步向发展致富转化。见图4.5。

图4.5（a）中，处于"贫困临界点"以下的贫困群体表现为将来收入大于今天收入，呈递增趋势，意味着家庭虽然处于贫困状态，但情况在逐渐变好，家庭负担逐渐变小，孩子已经毕业正处于创业增收阶段，逐步向发展致富转化。可能是前期的文化教育扶持已经起到并在发挥作用。

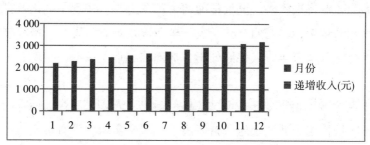

图4.5（a）　贫困人员今天收入大于将来收放正常图（金融扶持前）

对于此类贫困群体来讲，当前今天收入尚处于贫困线以下，政府或社会扶持组织主要在尚未达到"贫困临界点"时给予金融扶持，帮助产业投入，加快发展致富步伐，减少意外返贫情况的出现，并利用产业扶持方式进一步增加将来收入，产生溢出效应，带动其他贫困户发展致富。见图 4.5（b）。

---

①　费雪. 利息理论 [M]. 陈彪如，译. 北京：商务印书馆，2013：65–69.

②　穆来纳森，沙菲尔. 稀缺：我们是如何陷入贫穷与忙碌的 [M]. 魏薇，龙志勇，译. 杭州：浙江人民出版社，2014：163–180.

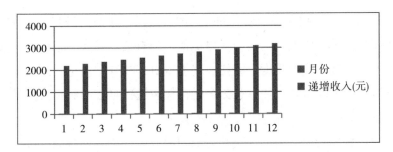

图 4.5（b）　贫困人员今天收入大于将来收入图（金融扶持后）

金融扶持资金投入与贫困人口收入短期呈正相关。聂强、张颖慧（2020）基于农村困难群体家庭金融素养与过度负债的相关性进行的研究表明，购房支出、子女婚姻支出、教育支出、医疗支出等刚性支出才是家庭贫困的根本原因，提出解决困难家庭过度负债过程中，真正起作用的是促进农民家庭增收的产业扶持、技术培训、组织合作等系列措施，只有家庭收入增加以及农民受教育程度提升，才会从根本上解决过度负债问题，家庭现期收入与预期收入的增加，才是解决过度负债的重要因子[1]。

拉菲克 Rafiiq （2009）[2]对孟加拉国东南部库米拉地区的570户家庭进行了独特的调查。调查结果显示，通过当地金融机构给困难家庭提供小额信贷的方式减轻了借款家庭的困难程度。丹尼尔 Daniel Agyapong（2010）[3]通过对加纳地区的研究发现金融发展能增加当地困难人口的就业机会从而间接增加其收入。克拉克 Colaco F aye Xavier（2014）[4]以印度为例提到在发展落后地区金融能有效提高困难人口收入，打破落后造成地区收入水平差距加大进而影响经济的恶性循环。在近年的研究中，布基纳法索 Kiendrebeogo、

① 聂强, 张颖慧. 农村家庭金融素养与过度负债[J]. 农村金融研究, 2020（7）: 24–30.

② Rafiq Rafiqul Bhuyan, Chowdhury Jahangir A, and Cheshier A, 2009, Microcredit, Financial Improvement and Poverty Alleviation of the Poor in Developing Counties: Evidence from Bangladesh. Journal of Emerging Markets, Vol14, No1, 24-37.

③ Daniel Agyapong, 2010, Micro, Small and Medium Enterprisese' Activities, Income Level and Poverty Reducation in Ghana-A Synthesis of Related Literature. International Journal of Business and Management, Vol. 5, No. 12, 196-205.

④ Colacl Faye Xavier, 2014, Porvty Alleviation: A Way Forward in India. Academic Discourse, Vol3, No2, 32-43.

Minea（2016）^①根据非洲金融共同体法郎区域国家小组的研究结果进行了进一步研究，发现金融发展与贫穷人口比例下降有关。其次，金融发展降低了个人收入低于贫困线的程度。波托茨基 Potocki（2017）^②也提到贫困地区的金融发展对减贫的重要作用，认为金融机构应履行自己的职责为困难人群提供金融服务从而提高落后地区人口收入水平。

可以看到国内外学者对金融扶持的外溢效应持相近的观点，都认为金融扶持可以增加落后地区人口的收入并直接或间接促进经济增长。

正如尤努斯所说：贫困最具有潜伏性和破坏性的特征之一就是其在多个维度同时扼杀人类的幸福和健康，而不同维度上的破坏又可以相互放大。例如，穷人通常无法获得及时的医疗救护，因此他们经受着更长期的病痛折磨，这不仅缩短了其寿命，而且使得他们无法正常上学和赚钱维生，从而使他们陷入更深的贫困之中。同样，饮用水的不洁净、住房的简陋和缺少交通工具夹杂在一起，迫使穷人难以摆脱贫困。^③

（三）文化扶持绩效："贫困临界点"以上

上文着重分析了对于处于"贫困临界点"以下的困难人员，重点使用金融扶持方式效果最佳，在短期内可直接增加其现在收入，尽可能快地达到"贫困临界点"，实现发展致富，但是对于刚刚发展致富的群体来讲，要想长久发展致富，在此阶段的扶持重点应从金融扶持向文化扶持转化，需要持续不断地进行文化教育扶持，才能让发展致富群体实现永久性发展致富。

1. 贫困人员的文化认知层次

前面第二章提到马林诺夫斯基对文化的定义和解释，他将文化分为初、中、高3个层次的有机结合，是3个层次整体力量的社会外在展现。

根据文化层次性理论来分析贫困，贫困群体表面上看是缺钱、缺物，这只是最低层次的贫困认知；层次上升以后，为扶持组织、方式、制度规定等

---

① Youssouf Kiendrebeogo, Alcxandm Minea, 2016, Financial development and poverty: evidence from the CFA Franc zone. Applied Economics, Vol, 48, No. 56, 5421-5436.

② Tomasz Potocki, 2017, Financial Capabilities and Poverty Alleviation: The Role of Responsible Fianacial Decisions. Corporate Social Responsibility, 23-44.

③ 尤努斯. 普惠金融改变世界 [M]. 陈文, 陈少毅, 郭长冬, 等, 译. 北京: 机械工业出版社, 2018: 40-41.

方面，这也是如何扶持、如何发展致富的组织规划问题；其实，导致贫困群体贫困的根源是理念、思维、价值观等方面的贫困。

所以，贫困群体受周围环境等因素的影响，形成了一定的落后观念、理念等思维认知模式，这种思维观念左右和指导着贫困人员的日常行为等，形成了对贫困的习惯性认知，主种习惯思维促使其产生懒惰、不努力、"等靠要"的行为，要想打破和改变这种不正确的贫困思维观念，需要通过教育学习及金融知识的宣传等方法来逐渐改变人们对于贫困及发展致富的认知，让其从内心自发地想要脱贫致富。

2. "贫困临界点"以上的文化扶持

简单来说，扶持的目的就是通过一定的方式帮助贫困地区和贫困人口开发经济、发展生产、提高生活水平，从而摆脱贫困。而文化扶持旨在从文化和精神层面给予贫困地区以扶持，通过提高人们的思想文化素质和科学技术水平，转变他们消极落后的传统文化观念，从而培养并提升他们发展经济的基础能力。文化扶持作为开发式扶持的重要方式之一，对贫困地区脱贫致富、加快社会主义现代化建设具有重要意义。

上面的分析阐明了贫困区域贫困群体贫困的根本原因是长期处于贫困文化环境中，形成了文化贫困固有理念、思维。

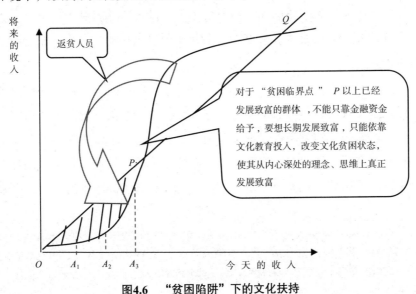

图4.6 "贫困陷阱"下的文化扶持

对于图 4.6 "贫困临界点" P以下的群体，上面已通过金融资金给予式扶持使其收入达到或超越P点，在经济收入上实现发展致富。但扶持是一个长期过程，不能只靠外界金融资金给予，要想长期发展致富，只能依靠文化教育投入，改变文化贫困状态，使其从内心深处的理念、思维上真正发展致富，否则就会在失去外力扶持救济的情况下再次返贫。（见图4.6）。

上述越过"贫困临界点" P的发展致富群体，虽然经济收入上已经脱贫，但是其可能还处于文化贫困状态，对于处于文化贫困状态的群体来讲，在理念上有其特有的共性，主要表现为以下3点

（1）思想观念滞后。在贫困地区，民众经济收入极低，表现为不耐性极大，无暇顾及饮食结构是否合理，更谈不上生活质量乃至更高层次的精神需求。受小农传统思想的影响，民众在生产过程中不考量经济成本与机会成本，继续延续着原有的生产生活方式。这样一来，恶性循环成为常态。高层文化观念上的这种落后，导致了经济上的贫困。[①]

（2）受教育程度低。尽管国家强制推行九年义务教育，但由于种种原因，贫困地区儿童辍学率还是较高。即使完成了九年义务教育，也是获得了最基本的知识教育，现代科学知识和理念是否武装了他们的头脑，他们是否获得了摆脱贫困的知识与技能，他们是否坚定了锐意进取、改变命运的信心和决心，这些我们都不得而知，何况贫困地区的教育质量还需要另论。而要彻底走出贫困，就需要有效地隔离贫困文化的代际传递，解构贫困文化复制贫困的功能。

（3）价值观念消极。贫困地区由于受到文化贫困的影响，贫困价值理念盛行，主要表现为：听天由命的人生观、得过且过的幸福观、小农本位的生产观、好逸恶劳的劳动观、重义轻利的道德观、只求温饱的消费观、安土重乡的乡土观等。这种贫困价值观充斥于社会生活，逐渐消解了农民敬业、创业和节约等精神。正如丹尼尔·贝尔（Daniel Bell）所说的："消费社会

---

① 有个放羊娃故事，别人问他放羊干啥，他回答说："放羊挣钱娶婆姨。"问他娶婆姨干啥，他回答说："娶婆姨生娃。"问他娃长大后干啥，他回答说："放羊。"这就是一个贫困文化中的思想观念落后问题，在放羊娃的思维理念中，没有发家致富、冲破现状的想法，生活安于温饱现状，只能处于贫困状态。

的出现，它极其强调花销和占有物质，并不断破坏着节约、俭朴、自我约束和谴责冲动的传统价值体系"①。由于贫困文化的强势在场，再加上消费文化的登场，贫困地区民众的价值理念会更显消极。

对于文化贫困群体，著名反贫困理论专家、诺贝尔经济学奖得主缪达尔（Myrdal）认为："贫困与民众宿命论观念，对改变观念与制度、维护现代技术、改善卫生条件等的麻木和冷漠相关"②。文化扶持不仅要消除落后的思想观念，还要向广大群众传播新思想、新观念，用现代的价值观念替代原有落后的思想观念③。

所以，对于"贫困临界点"以上的群体来讲，在经济收入上已经发展致富，严格来讲不再属于扶持对象，但是这部分群体是从贫困群体中通过政府组织等金融资金给予刚刚转化过来的，在治富理念、思维、技能等方面表现为极度脆弱，如果关注不够极易再度返贫，只有通过教育文化方式，改变其上述原有贫困文化环境中形成的固有落后理念等思维问题，才能使其保持将来收入大于今天收入，巩固金融资金扶持的发展致富成果④，日子才能越过越好，实现长期真正发展致富。

正如尤努斯所讲：贫穷不是由穷人本身造成的——贫穷是被人为地施加给穷人的。而那些所谓的穷人，有着与身处任何地方、拥有任何身份地位的人同样无尽的创新和创造潜力。消除贫困，归根到底是消除贫困人口发挥其自身价值所面临的重重障碍⑤。如果为他们提供机会，他们也可以改变自己的生活。这里所说的"机会"，就是教育、医疗、卫生、交通等外界条件，是一种外生力量，因为其所处地理空间位置本身就较差，与其他人相比是不公平的，所以在扶持中应力争弥补这些不足，让其与其他人处于同一条起跑

---

① 贝尔.资本主义文化矛盾[M].严蓓雯,译.北京:人民出版社.2010:88.

② 缪尔达尔.世界贫困的挑战:世界反贫困大纲[M].北京:北京经济学院出版社.1991:150.

③ 王建民.扶贫开发与少数民族文化——以少数民族主体性讨论为核心[J].民族研究,2012（3）:46—54.

④ 这个成果就是通过金融资金扶持外力使贫困群体达到或刚超过"贫困临界点",经济收入上已经发展致富的群体。

⑤ 尤努斯.普惠金融改变世界[M].陈文,陈少毅,郭长冬,等,译.北京:机械工业出版社,2018:53.

线上，和其他人一起发挥他们的创新和创造潜力。

3.区域教育与居民收入长期相关性实证分析[①]

美国经济学家西奥多·舒尔茨（Theodore W. Schultz）认为：影响人贫困或富裕的决定性因素是人，是人的自身素质。上述"人力资本"理论认为：物质经济上的扶持，虽然在短期内能起到"立竿见影"的效果，但难以解决长远性、根本性问题。古人云，"授人以鱼不如授人以渔"。扶持工作是一个长期持续的工作，需要做长远打算，需要在思想认识、教育培训和文化建设上下功夫，只有这样才能从根本上拔掉"穷根子"。也就是说，扶持不仅需要短期扶物质，更需要长期扶精神、扶智力、扶文化。而对于贫困群体扶精神、扶智力、扶文化的最有效的方法就是加强长期教育，通过教育使贫困群体增加科学知识、提高技术技能、改变思维理念等。

下述的实证论述分析就是从教育出发，分析教育因素对于居民收入的影响[②]，即对于发展致富程度的影响，从理论上找到长期发展致富的文化因素影响。

（1）变量及变量统计性描述。本书将对教育与区域经济增长的关系进行实证分析。本书选用了中国家庭追踪调查（China Family Panel Studies，CFPS）数据[③]，CFPS目前公开可以获得的数据有2009年、2010年、2012年、2014年、2016年。本书使用的是2016年CFPS数据，该数据涵盖了本书需要的所有变量，通过分析能反映出相应的问题。本书选取了CFPS的成人问卷进行分析，所用序列数据包括城乡居民收入、受教育年限、性别、是否使用电话及健康状况。

根据研究需要，首先将样本分为全样本，农村样本和城市样本、确定教

---

① 唐正娟.精准扶贫视角下受教育程度对城乡居民收入的影响分析［D］.成都:西南民族大学，2018.

② 因为教育改变了人们的文化认知、思维观念等，从而改变人们的收入，达到发展致富的目的。

③ 中国家庭追踪调查旨在通过跟踪收集个体、家庭、社区三个层次的数据，反映中国社会、经济、人口、教育和健康的变迁，为学术研究和公共政策分析提供数据基础。CFPS调查选取的样本包括北京、上海、天津、河北、四川、重庆等25个省/自治区/市（青海省、海南省、新疆维吾尔自治区、内蒙古自治区、宁夏回族自治区，以及港澳台地区除外），涵盖中国东、中、西大部分省份，样本规模包括16 000户家庭的所有成员，所含人口比重大，所以在很多关于全国性的问题时，CFPS作为实证数据经常被用到。

育为核心变量，其他为控制变量，剔除所选的变量有缺失值的情况，最后所得样本为包含 15 754 列的横截面数据。其次，分析各变量的均值、标准差及农村城市样本均值差的显著性，发现这些变量均在 1 %水平上显著。所用的样本结构如表 4.2 所示。

表4.2　主要变量的描述性统计

解释变量设置及类型	全部样本		农村样本		城市样本		均值差显著性检验
变量及度量方法	均值	标准差	均值	标准差	均值	标准差	差值
被解释变量 Ln (income)	8.27	2.38	7.60	2.67	8.82	1.96	1.22***
核心变量 education	6.25	2.61	5.98	2.70	6.47	2.51	0.49***
控制变量 health condition	5.57	1.20	5.41	1.27	5.71	1.11	0.30***
控制变量 gender	0.55	0.50	0.58	0.49	0.52	0.50	−0.07***
控制变量 phone	0.81	0.39	0.76	0.43	0.85	0.35	0.09
样本数	15 754.00		7 073.00		8 681.00		

上表中的参数阐述：

①收入（personal income）。问卷中的"收入"表示居民的总收入。从表 4.2 可以得知，2016 年农村居民收入均值为 13 982.59 元，城市居民收入均值为 20 737.29 元，当年我国农村居民收入与城市居民收入还是有很大差距，并且从描述统计分析来看，城乡收入均满足"二八定理"，高收入人群占少数，低收入人群占多数。

②受教育程度（education）。受教育程度根据学制年限计算，根据问卷中是否上过学进行评分。"上学"包括以下几个阶段：小学、初中、高中、大专、大学本科、硕士、博士。按照回答的上学阶段，确定上学年限。从表4.2 中我们可以看出受教育年限的平均值为 6.25，差不多刚完成我国的小学教育，整体受教育程度偏低，而农村居民受教育程度更低，表现为5.98，这与我国当年的现状基本符合。

③健康状况（health condition）。问卷中根据回答非常健康、很健康、比较健康、一般、不健康，评为 1 到 7 分。再从样本中来看，更多人的回答趋于比较健康，全样本中均值为 5.57，城市样本均值5.71，略高于农村样本5.41。说明人们在对自己的健康进行评价时，更倾向于中间答案。这个办法容易操作，但是由于回答者的主观性强，会在一定程度上偏离真实情况。

④性别变量（gender）。性别分为男性和女性，根据需要在处理数据过程中，男性用 1 代替，女性用 0 代替，是虚拟变量。从表 4.2 中可以看到，全部样本中性别的均值为 0.55，男性稍高于女性，农村样本中性别比为0.58，高于城市样本 0.52。说明当时在我国，特别是农村地区，更多是妇女在家照顾老人孩子，所以收入为 0，留守妇女所占比例更高。

⑤是否用电话（phone）。是否用电话作为虚拟变量，是设为 1，不是设为0。从表4.2可以看到，全样本中用电话人数比例达到0.81，用电话的人占比高，城市用电话人数比例达到 0.85,更是高于农村地区 0.76的均值。

（2）回归模型。本书运用分位数回归法进行分析，分位数回归，正如 Koenker 和 Bassett（1978）所提出的，提供了回归变量与被解释变量的指定分位数之间的线性关系的一种建模方法[①]。在EViews8.0中，分位数回归模型的估计是采用Barrodale和Roberts（1973）提出的单纯形法（simplex algorithm）。

根据明瑟尔收入方程（Mincer，1974），建立收入的半对数分位数回归模型：

$$
\begin{cases}
Y(rural, q) = \alpha_0 + \alpha_1 education_{rural} + \sum_{k=1}^{k} \alpha_2 CV_{rural} + \varepsilon_{rural} \\
Y(city, q) = \beta_0 + \beta_1 education_{city} + \sum_{k=1}^{k} \alpha_2 CV_{city} + \varepsilon_{city}
\end{cases}
$$

此模型中的被解释变量 $Y(rural, q)$ 和 $Y(city, q)$ 分别是农村居民收入和城市居民收入的对数，表示分位数的取值。模型主要的解释变量是受教育程度，即核心变量，用教育年限（education）代替。考虑到居民收入水平的复

---

① KOENER R, BASSETT G.Regression Quantiles［J］. Econometric. 1978, 46（1）：33–50.

杂影响因素，本书设置了一系列的控制变量用 CV 表示，具体的变量名称及统计特征见表 4.2。模型中 α 和 β 分别表示两个模型的弹性系数，ε 是随机扰动项。

（3）回归结果分析。对分位数模型进行回归，结果如表 4.3 所示。无论是农村样本还是城市样本，回归系数均在 1 %水平上显著。其中，农村样本中受教育年限平均每增加一个单位，居民收入平均提高 14.5 %；城市样本中受教育年限平均每增加一个单位，居民收入平均提高 14.2 %，这样从数据看差距并不明显，但是通过分位数模型回归结果可以看到，对城市和农村不同的收入群体而言，受教育程度的贡献率存在很大区别，分析结果得出受教育程度与农村和城市居民收入都有正的相关性，各个系数均在 1 %上显著。因此，本书引入两个样本的系数差显著性检验受教育程度对农村和城市不同群体收入差距的作用。系数差值为正，说明受教育程度对于城市和农村居民收入差距有扩大的趋势；系数差值为负，则说明受教育程度对城市和农村居民收入差距有缩小的作用。从表 4.3 中可以得到，受教育程度的提高，扩大了城乡低收入人群的差距，高收入人群的差距也呈扩大趋势，说明农村贫困的低收入群体大多对于教育根本不重视，无力供孩子上学或是干脆不让孩子上学，同时也反映出农村低收入群体认为自己还有生存的基本条件——土地，即使不上学也能生存。而城市居民收入再低也会让孩子上学。农村的高收入群体表现为"土豪"较多，属于早期资本积累，并不是靠教育投入发家致富的，而城市高收入群体大多是靠知识挣钱生活。但是对于中等收入群体的收入差距都是缩小的，而受教育程度的提高，能缩小城乡中等收入者之间的差距。因此，我们认为教育是形成人力资本的重要途径，城乡居民由于受教育水平的差距，导致人力资本水平的差距，最终反映在收入水平的差距上。从系数差的显著性显示，教育实际上扩大了城乡居民的收入差距。

表4.3　基于城乡收入的分位数回归结果

被解释变量：城乡居民人均收入

P	农村样本		城市样本		系数差
	回归系数	标准误	回归系数	标准误	
0.1	0.0 023***	0.0 036	0.3 352***	0.0 126	0.3 330***
0.2	0.01 598***	0.0 049	0.1 504***	0.0 141	0.1 345***
0.3	0.2 859***	0.0 283	0.1 333***	0.0 126	−0.1 526***
0.4	0.4 245***	0.0 168	0.2 137***	0.0 124	−0.2 108***
0.5	0.2 945***	0.0 219	0.1 903***	0.0 151	−0.1 041***
0.6	0.1 432***	0.0 177	0.0 906***	0.0 085	−0.0 526***
0.7	0.0 669***	0.0 096	0.0 675***	0.0 062	0.0 006***
0.8	0.0 431***	0.0 068	0.0 542***	0.0 052	0.0 111***
0.9	0.0 302***	0.0 057	0.0 435***	0.0 057	0.0 134***

从表4.3估计结果来看，农村收入水平较最低的居民，即P值为0.1，教育年限每提高一个分位点，年教育回报率仅有 0.2 %；农村收入水平较高的居民，即P值为0.9，年均教育回报率也是 3 %左右。而随着收入水平的提高，劳动者的年均教育回报率水平也随之提高，农村收入水平中等的居民，在P值为0.4 的分位点，年均教育回报率达到了 42.3%，意味着此时农村家庭给予孩子的教育投资，随着孩子的长大已经起到致富的作用，比最低组的居民教育回报率高太多。这也意味着农村中等收入居民多上一年学所能够提高的收入水平比最低组和最高组的居民要高。说明教育是解决农村贫困群体发展致富最有力的长期办法，再次证明先期的发展致富靠金融扶持给予，使其尽快向中等收入群体靠拢，然后再让教育发挥最大的长期作用。城市收入水平最低的居民，在P值为 0.1 的分位点，教育的年限每上升一年，城市家庭居民收入上升 33.5 %，而随着收入水平的提高，教育回报率逐渐下降，在P值为 0.9 的分位点，教育的年限每上升一年，城市家庭居民收入上升 4 %左右，也就是说教育与城市低收入者相关性更高。

其他类似研究，如刘修岩、章元、贺小海（ 2007 ）基于上海市农村社会经济调查队2000—2004年农户调查数据，运用两阶段Probit模型分析了农户教育对消除农村贫困的影响，其结果显示，农户教育能显著影响农村贫困状况，提高农户受教育程度能显著降低农村陷入贫困状态的概率。谷洪波、吴克明（2004）认为农村基层组织工作效率低下、基层干部业务素质偏低、村民文化素质不高制约了我国"农村发展致富"的步伐。

4. 我国义务教育、基本医疗、住房安全情况

（1）义务教育情况。辍学学生减少：截至2020年9月15日，全国辍学学生人数由去年的60万人减少到2 419人。2019年，全国小学学龄儿童净入学率达99.94%，初中阶段毛入学率达102.6%。

学校基础设施改善：2013年至2019年，贫困地区新建扩改建校舍面积约2.21万亿㎡，30.96万所小学办学条件基本达到规定要求。

师资配备进一步完善：2020年是农村义务教育阶段学校教师特设岗位计划实施15周年。近年来，"特岗计划"招聘教师约95万名，覆盖全国约1 000个县、3万所农村学校。

以世界银行贫困线为标准，统计显示，劳动力接受教育年限少于6年，贫困发生率大于16%；若将接受教育年限增加3年，贫困发生率会下降到7%。也就是说，高中3年教育会使贫困发生率下降9%以上。

（2）基本医疗情况。国家出台了一系列面对落后地区、困难人口的倾斜性政策举措：困难人口的城乡居民基本医疗保险个人缴费部分，按规定由财政给予补贴。对贫困人口执行起付线降低50%、支付比例提高5个百分点的倾斜政策。对患有大病、长期慢性病贫困人口实行分类分批救治。截至目前，全国累计超过1 900万名贫困患者得到有效救治，所有贫困人口都已纳入基本医疗保险。1 007家三级医院与1 172家贫困县医院开展结对帮扶工作，乡村医疗机构和人员"空白点"实现清零。

（3）住房安全保障情况。截至2020年6月30日，全国2 340余万户建档立卡贫困户住房安全核验工作全面完成。从核验结果看，1 184万户建档立卡贫困户原住房基本安全，占比50.6%。1 157万户建档立卡贫困户通过实施农村危房改造、易地扶贫搬迁、农村集体公租房等多种形式，保障了住房安全，占比49.4%。核验表明，全国所有建档立卡贫困户均已实现住房安全有保障。

二、文化扶持与金融扶持的辩证关系

在扶持过程中，文化扶持与金融扶持都是"精准扶持""精准发展致富"战略的重要组成部分。教育的投入与加强是文化扶持的一种手段，文化水平高低是教育水平高低的一种表现，目的是在文化水平思维认知的基础上，实现真正的发展致富。

通过持续不断地教育投入来提高区域贫困人员的文化水平，改变其文化认知，特别是文化高层次的理念、观念、思维等方面的认知，改变其原来固有的落后观念和懒惰思维，并在此基础上，实现其真正的发展致富目的。但是，文化水平认知的提高和改变是一个长期持续的过程，特别是对于处于贫困线以下的贫困群体来讲，在靠自身实力无法走出贫困、摆脱贫困的情况下，社会外力的助推是必不可少的，此时的外力助推就表现为金融扶持，即给予贫困人员一定金融扶持，助推其在一定时间内达到或稍微超越"贫困陷阱"发展致富临界点，然后再靠文化认知的作用，使其靠自身实力长期处于发展致富状态，真正实现长期发展致富。

故而，金融扶持是外因，金融扶持的外力在短期内助推贫困人员向"贫困陷阱"发展致富临界点靠近或超越。文化扶持是内因，是外力向内力转化的一个长期持续过程，文化扶持的结果要靠教育投入手段来实现，其作用主要表现在贫困人员达到或超越"贫困陷阱"发展致富临界点后，使其靠自身文化认知的内生动力实现"造血"，真正实现长期发展致富。

如果单一地靠金融扶持，即使贫困人员达到或超越"贫困陷阱"发展致富临界点，但由于其自身文化认知水平不足，仍然容易再次返贫。如果单一靠教育推动文化扶持，贫困人员经过长期努力后，仍无法达到或超越"贫困陷阱"发展致富临界点发展致富时，就会产生"习惯性无助"现象，难以实现发展致富。金融扶持实现"授之以鱼"，让其暂时有鱼吃，而教育推动下的文化扶持实现"授之以渔"，让其长期有鱼吃，实现真正发展致富。

金融扶贫是扶持的基础，文化扶贫是金融扶持的延伸和发展，并为金融扶持创造良好的条件。所以，只有金融扶持与文化扶持同步进行，前期主要靠金融起作用，后期主要靠教育文化起作用，一边通过先期金融外力的助推，一边通过后期文化内力的自我改变，才能使贫困人员超越"贫困陷阱"发展致富临界点，并长期处在发展致富临界点以上，真正实现长期发展致富。

总之，一句话：发展致富工作，短期靠外力金融扶持，长期靠文化扶持。

三、金融与文化扶持的几个疑惑

（一）金融扶持如何有助于发展致富

人们不仅经常会问，对于贫困群体实施金融给予式扶持是否有助于其发展致富？金融扶持的内部原理又是如何起作用的？

原理是：贫困群体当前收入增加，不耐性下降，生活中易做出正确决策，从内心深处走出管窥陷阱，更有利于发展致富，并继续增加收入。从图4.7不耐性曲线图中可以看出，贫困群体所得目标就是金融收入或是当前金融收入量，其收入量越大，发展致富程度越高；反之收入量越小，其发展致富程度越低。不耐性与当前收入量呈反函数关系，况且贫困群体的不耐性会随着当前收入量的减少而增加。

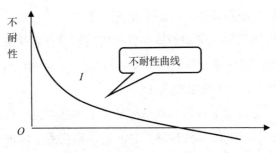

图4.7 贫困群体不耐性与收入量及稳定性关系

图4.7中可见，当贫困群体收入量向右移动时，其收入量增加，不耐性降低，当收入达到一定量时，不耐性会降为负数，此时，行为主体会表现出极度安静、心态平和，反而拿出一部分钱捐出去等。反之，当收入量向左移动而减少时，其不耐性增大。问题是其不耐性的变化与收入量并不是呈直线形关系，而是曲线形上升的反函数，到最后收入量减少一点点，其不耐性就

会增加极大，甚直是无限大，更加进入心理管窥陷阱，导致冲动易做出极端行为，可能会破罐子破摔，甚至自杀或走向犯罪道路等。如有的贫困地区扶持，给了一定粮食或牛羊等致富生产资料，但是在其高不耐性的极端行为下，反而把东西换酒喝了。①

此时，任何导致其当前收入量减少的原因都会导致其不耐性增加，在急剧增加的不耐性下，更有可能做出极端行为，反而不利于发展致富。所以，扶持应从贫困根源上入手，通过社会外界的金融扶持或给予，直接增加贫困群体的当前收入量，降低其不耐性，减少冲动情绪下的极端行为，让其看到生活发展致富的希望和未来。

那么，金融扶持或给予达到一个什么程度最合适呢？是给一点点做做样子，还是无限地给予帮助大包大揽？关于这个问题，达到给予的量应使其能够满足最起码的生存需求，即达到某一贫困临界点（发展致富临界点），超过这个点后，情况就会大为好转，而此点之前还是给予金融扶持。正如欧文·费雪所讲：在一些国家全社会与全民族都过于贫穷，这不是因为天生挥霍的关系，而是因为他们是如此的贫穷，所以他们必须用掉全部生产品，根本没有储蓄的余地来改进他的生产方法。因而许多人一旦陷入近乎底层时，就停留那里，经若干代形成的高不耐性使他们许多人变得更穷了②。

（二）降低市场利率如何有助于发展致富

乍看起来市场利率与贫困群体发展致富问题没有直接关系，实际上却有一定而且紧密的间接关系。这种关系是：降低市场利率有助于发展致富，其原理可以通过以下几个方面表现出来。

①同等收入量情况下，市场利率降低，不耐性降低。以次贷危机为例，美国在世界金融危机之前，从2003年之前，几乎接近于零的较低利率时，人们都争相贷款买房，整个家庭及社会都处于低不耐性状态，人们生活节奏较

---

① 对于发展致富临界点来讲，处于其前的贫困群体的不耐性较高，而处于其后的不耐性较低，而在此点处存在一个不耐性断层或拐点，由较高突然降为较低。这一点也可以解释为人们赔钱到动用本钱时，心理会剧烈不安，当本钱赔完而借钱负债时，心理又会在上次剧烈不安的基础上进一步剧烈不安，每次剧烈不安，都是一次不耐性的断层式剧烈变动。

② 费雪. 利息理论［M］. 陈彪如，译. 商务印书馆，2013：300-301.

慢，但是2005年，美国政府在短短的24个月内连续17次上调贷款利率后，人们还贷负担加大后，就会相对减少其家庭经济收入量，于是不耐性随家庭收入量的减少而上升，从而选择不还贷款等极端行为，从而引发了全球金融危机。详见图4.8。

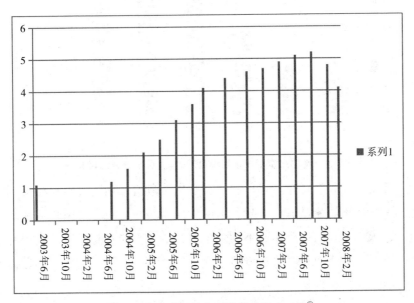

图4.8 美国联邦基金利率变动图（%）[①]

从2001年开始，从美国的次级抵押贷款年度变化情况来看，2001—2006年次级抵押贷款取得了快速的发展，详见表4.4。

表4.4 2001—2006年美国次级抵押贷款增长表

单位：亿美元

年份	2001	2002	2003	2004	2005	2006
次级金额	1 200	1 850	3 100	5 300	6 250	6 000

资料来源：Inside Mortage Finance。

---

① 辛乔利, 孙兆东. 次贷危机［M］. 北京: 中国经济出版社, 2008: 74.

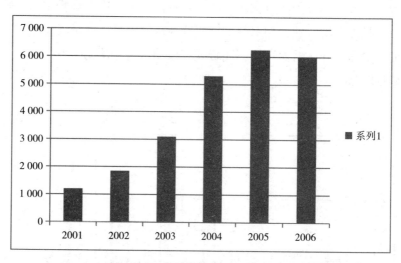

图4.9　美国次贷危机前2001-2006年次级抵押贷款增长图

从表4.4、图4.8、图4.9可以看出，在次贷危机之前的美国社会及人们处于低利率状况下，生活轻松自然，不耐性压力较小或没有，但是随着市场利率上升，人们的生活表现出高不耐性压力，贷款不能及时还清，从2001年的1 200亿美元上升到2006年的6 000亿美元，短短5年间增长了5倍，而在银行产生较大数额的次级贷款。

表4.5　1990—2000年中国、日本、瑞士国家短期贷款利率（%）

年份	1990	1991	1992	1993	1994	1995	1996	1997	1998	1999
中国	9.27	8.82	8.86	9.99	10.98	11.52	10.8	9.72	7.29	5.99
日本	7.24	7.46	4.58	3.06	2.2	1.21	0.47	0.48	0.37	0.06
瑞士	8.32	7.74	7.76	4.75	3.97	2.78	1.72	1.45	1.32	1.17

资料来源：国际货币基金组织《国际金融统计》。

从表4.5及图4.10可以看出，中国20世纪90年代改革开放之初并全面实施市场经济体制后，市场利率从9.6 %一直举高不下，1995年最高时达到11.9 %，是同时期日本的20倍、瑞士的4倍，1998—1999年时，日本利率达到0，而中国利率仍为6 %，人们在高利率下，生活表现出快节奏、焦虑和高不耐性压力。

　　所以，在低利率的情况下，即使人们收入不是太高，人们生活也很悠闲自得，因为低利率会导致低不耐性，人们就不会大量借钱生活，借钱人少将导致市场利率降低，这一点也是成立的。

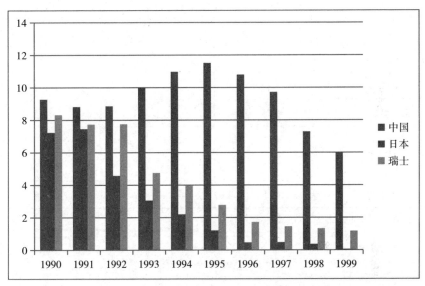

图4.10　1990——2000年中国、日本、瑞士国家短期贷款利率（%）

　　② 低市场利率、放贷、低不耐性、资本积累、耐久品的生产是共存的。在低利率下放贷越多，借款成本越小，贫困群体压力越小，相对更有助于发展致富。借用不耐性这个动态变量，即任何导致不耐性降低的原因都会使利率降低。市场放贷人越多，形成竞争越激烈，利率越是下降，借款人员成本越低，在很容易借到款项并且成本很低的情况下，借款人内心的不耐性下降，越是能内心安定地做出生活中的正确决策，而不是错上加错或一错再错，从而更有助于发展致富，实现资本积累，故而越是降低市场利率，越有助于发展致富。为此，我国于2022年，多次降低贷款基准利率，就是出于上述原因（见表4.6 、图4.11）。

表4.6　我国商业贷款利率统计表

单位：%

时间	短期	中期	长期
2023.02	3.65		4.30
2022.07	3.70		4.45
2022.04	3.70		4.60
2021.12	3.80		4.65
2020.03	4.05		4.75
2020.01	4.15		4.80
2019.01	4.20		4.85
2019.08	4.25		4.85

资料来源：根据中国人民银行资料整理。

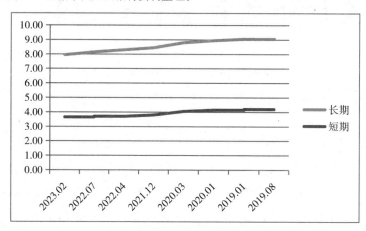

图 4.11　我国商业贷款利率变化趋势

　　③市场利率越低，不变的家中耐久性物品价值越大。人们感觉自己的收入相对增加了，于是不耐性降低，贫困群体家中都会或多或少地有自己一定的资产财富，而且也有自己工作后的工资收入，对于耐久性的资产财富来说，其以后能够提供的服务仍然是不变的，不管是中间服务或是最终服务，但是在利率降低时，根据收益资本化，做为资本的耐久性物品财富价值就会上升，会让人感觉家中财富反而增加了，原有的资产财富更有价值了。即任

何财货价值等于它所提供的将来服务的贴现价值，而财货所提供的服务越是远在将来，则财货价值的涨跌幅度越大，而如果利息下跌一半，其财货价值几乎将会加倍[1]。同理，其原来正常的工作，仍是在正常做的情况下，随着市场利率的不断下降，工资收入作为其提供工作性服务的资本，相对来讲也升值了，虽然没有增加工资收入，但收入也相对增加了。例如，工资收入为c_0，市场利率为R_0，下降后为R_1，工作服务不变，即其最终服务仍为Q，可得：

利率下降前为：$c_0 = Q/(1+R_0)^n$

利率下降后为：$c_1 = Q/(1+R_1)^n$

因为$R_0 > R_1$，所以，$(1+R_0)^n > (1+R_1)^n$，则$Q/(1+R_0)^n < Q/(1+R_1)^n$，即$c_0 < c_1$，$\triangle c = c_1 . c_0 > 0$，即：利率下降后，工人在干同等劳动工种并同样付出的情况下，其代表劳动价值的工资收入价值增加了，即由c_0变到c_1，增加了$\triangle c$，在此情况下，雇主和劳动者本人都会感到现在劳动服务价值或是劳动价值增加了$\triangle c$，本人也申请要求加薪，而雇主也感觉应该加薪，于是就有可能加薪到c_1，而增加$\triangle c$，实现当前收入增加，从而降低不耐性，而有助于发展致富。正所谓：如果利率变动，工资也要变动，而工资代表所提供服务的贴现价值，从而利率下降，工资就倾向于上升[2]。所以，降低市场利率，可以相对地增加贫困群体工资收入价值，有助于其发展致富。相反，越是提高市场利率，反而越不利于发展致富。

（三）增加市场投资机会有助于发展致富吗

市场是在动态中不断波动的，这种波动导致的投资机会也在不断波动，然而市场是朝着市场投资增加还是减少的方向波动呢？不同的方向将会对人们发展致富有着不同影响，即市场投资机会越多，越有助于增加人们的收入，越有助于发展致富，反之，则不利于发展致富。当市场投资机会增加时，企业规模扩大，于是人们的就业机会也会增加，人们的收入就增加了，使市场中的储蓄增加，增加的储蓄反过来推动投资进一步增加，促进社会越来越发达、富有。

---

[1]　费雪.利息理论［M］.陈彪如，译.北京：商务印书馆，2013：300–301.

[2]　费雪.利息理论［M］.陈彪如，译.北京：商务印书馆，2013：292–294.

　　如果市场受到政府干预或是不确定性风险影响冲击，而导致企业无法开工、倒闭、人员难以流动等，都会导致投资机会减少。例如，2020—2022年中国有近1/4企业倒闭（主要是中小微企业），从而使较多企业员工下岗，失去收入，不耐性增加，心情焦虑，不利于发展致富或发展致富后的进一步致富。

　　当一个人已经认识到其收入川流变小或是明显变小的情况下，即感觉未来收入明显减少时，会更加珍惜当前的收入，而舍不得消费，形成少有的资本积累，此时不管市场利用何种方式刺激或是激励其花钱消费，都无济于事，同时他们还会在现有基础下，想方设法增加一点利息收入，于是大都倾向于放贷，反而增加了市场贷款竞争力，从而进一步促进市场利率下降，进入一种循环之中。正如，任何增加我们投资机会的原因，使投资所得收获大于现有收获率，它也倾向于提高利率。反之，如果投资机会只能提供小于现有投资收获的收获率，就会对市场失去信心，导致惜投、弃投，市场利率倾向于下降[①]。2022年，企业、商铺大量倒闭关门，投资机会大大减少，于是市场利率下降，银行人员到处打电话想方设法对外贷款，但仍然无济于事，市场一片萧条。

　　如果政府激发或调动市场活力，运用一定方式对冲不确定性因素对市场的冲击，增加市场投资信心，市场投资机会就会保持或增加，企业能正常开工或扩大再生产，企业员工能正常开支或是不断加薪而收入增加，不耐性降低，对于平时正常生活也易于做出正确决策。

　　所以，增加市场投资机会，将有助于贫困群体发展致富。

　　（四）改变贫困文化的习惯有助于发展致富吗

　　这里所提到的"习惯"也是一种常见的思维习性，如有远见、节约、能自制、关怀后人等一些美好的传统习性，一般表现为一定区域或民族而成片出现。

　　那么上述习性又是如何形成的呢？这些习性属于贫困文化，而贫困文化来源于文化贫困或是长期教育缺失，从而在某一区域民族内部，长时间形成

---

　　① 费雪.利息理论［M］.陈彪如，译.北京：商务印书馆，2013：300-301.

一定现有文化教育水平下的一种固化思维定式或生活习性，这种生活习性一旦长期存在，对贫困有着极大影响。如果是好的生活习性，如有远见、能自制、关怀后人等，就会有利于发展致富，相反，则不利于发展致富。如犹太人长期形成的节约、自制、关怀后人等习性，可以加速其财富的积累，并且会越过越富有，相反，有些人长期形成的浪费、不自制、不关怀后人、不学习、移动式流浪、靠杂技生活等生活习惯，就极不利于资本积累，其财富往往全部都在一辆马车上，即使有财富也拿不走，倒不如挣一点花一点，永远处于贫困线上或以下，而难以发展致富，原先古代的游牧民族就有这种典型的生活习惯。在低不耐性情况下，人们反而能耐下心来专心制造耐于使用的工具，从而实现资本积累，进入良性循环。他们是牺牲当前收入而注重未来收入，把钱留下来进行投资等而不是无谓地消费，才会使得低利率、放贷、资本积累与坚固的资本工具同时出现。

然而，相反的情况则是，凡对将来的需要不太重视，而重视当前消费的地方，资本就倾向于消散，家里也找不出什么值钱的东西。贫困的压力往往倾向于进一步提高当前需求和压迫遭受贫穷的人，使得他们的生活状况每况愈下[①]。这时人们往往习惯于出去打零工，挣一点临时性的收入补贴一下生活，买东西也是买一些相对便宜的，结果既不耐用又不实用，手里没有一点备用钱，一旦遇到生病等不确定性因素冲击时，生活瞬间陷入困境。

例如，中国西部贫困地区就存在这种贫困文化，即对于未来不太重视，而注重现在的当前收入，显得有点目光短浅，所以经常会导致：家里有一点钱先花完再说，至于后期家中孩子可能会上学、生病或遇到自然灾害等花钱的地方都不会考虑。孩子长大后不去上学，而是去放羊，如此一代代循环[②]。在注重当前消费时，将导致对当前收入的不耐性上升，人们都去借钱消费，从而导致市场利率上升，不再去做长期见效的工作或耐久性坚固物品的生产，至于生活方面也是临时搭建一个草帐篷或土屋居住即可，家中的家具及生活用品也是越简易越好，因为在较高的不耐性下，人们内心焦虑浮

---

① ［美］欧文·费雪. 利息理论［M］. 陈彪如，译. 北京：商务印书馆，2013：329–332.

② 在中国青海西部牧区，有的家庭是这样教育孩子的："好好听大人话，如果听话让你去放羊，如果不听话就让你去上学"。在这里上学成了一种处罚，而放羊却成了一种奖励。

躁，只注重当前，而不去考虑长远，不让孩子去上学，有病了也不去治疗，结果孩子长大了仍然是挣不到大钱，而处于贫困线或在低收入线上徘徊的人们，如果后期生病或遭受其他不确定性冲击，则表现出直接等死或是听天由命。

　　上述情况都是因为贫困文化使人们表现出不好的生活习性而导致的，如果要改变不好的生活习性，首先要改变其贫困文化，改变贫困文化的最有效的办法就是加强文化教育与外界交流接轨，与其他生活习性好的区域互通有无，向它们学习，所以改变一个区域民族的贫困文化习性有助其于发展致富。

第五章　金融扶持与脆弱家庭投资行为

　　社会中的困难群体一般以家庭为单位，日常的开支及收入都是汇集到家庭中统一进行分配，按家庭经济收入量来计算，表现为困难家庭和非困难家庭。对于农村家庭来讲，如孩子上学、进行技术培训等人力资本投资和小型产业投资等都能给未来的家庭带来可观的超过成本性投入的收益，给家庭经济收入量带来增值。但是，如果让困难家庭仅仅依靠现有困难状态下的经济收入量进行投资，将会使家庭经济当前收入量减少，即刻陷入困境，同时，还要面对因当前收入量减少而产生的难以承受的不耐性压力，随着不耐性压力的增加，脆弱家庭将理性选择终止投资，致使家庭仍然处于困难状态。但是，如果通过政府或社会组织等给予外力"输血"式金融扶持援助，将上述投资给予补齐，将会减少脆弱家庭的不耐性压力，易于及时实现致富。所以，对于脆弱家庭因投资及投资行为导致的不耐性压力增加进行微观分析，并通过外力"输血"式金融扶持对其投资行为选择产生的影响进行比对分析，从理论上分析金融扶持对于脆弱家庭在前期致富过程中的重要性，为我国金融扶持工作提供理论依据。

一、脆弱家庭①贫困线下的状况分类

　　对于生活中处于贫困线或贫困线以下的困难家庭来讲，当处于贫困线收入量时，在是否进行投资（如孩子上学、技术培训和种植某种经济作物等

---

　　① 为分析方便，脆弱群体的分析都是以家庭为单位，并设定为"脆弱群体家庭"，其最大家庭经济收入量正好处于"贫困线"上，但对于"贫困线"标准没有进行量化设定。

小型产业投资等），以及投资多少等方面将面临艰难的选择，有的家庭选择"再穷也不能穷教育"，宁可自己省吃俭用也要供孩子上学；有的选择让孩子辍学在家挣钱；有的选择让孩子上几年，然后再回家挣钱。那么，脆弱家庭为何做出上述选择呢？其选择的结果又会如何呢？详见图5.1的分析。[①]

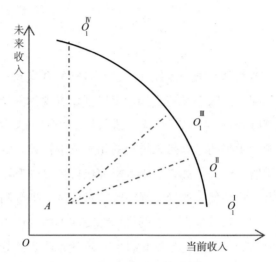

图5.1 贫困家庭投资机会状况

图5.1 中横轴表示脆弱家庭当前收入情况，一般表示为当年，纵轴表示未来收入情况，一般表示为明年，即任何一点的变动都会涉及两个相关连续的时间段，即今年和明年。曲线 O 表示脆弱家庭在没有任何社会外界帮助的情况下，动用全部现有家庭条件下的最大经济收入和投资机会选择能力，即投资机会线[②]。O_1^I 点假设是脆弱家庭能挣到的最大收入点，正好等于贫困线值。投资机会线以内的各点表示脆弱家庭可以任意随便选择的收入地位，但是没有把家庭全部创收因素发挥到极限，而处于 O 线以外的各点是不存在的，因为已经超出了脆弱家庭的收入极限范围，对处于图5.1中的脆弱家庭来

---

① 费雪.利息理论［M］.陈彪如，译.北京：商务印书馆，2013：232–236.

② 投资机会线是一个人或家庭处于一定情况下一群点的边界线，这一群点代表一个人或家庭所有可利用的任意收入情况，而这个人或家庭此时既不借款也不放贷，且有机会依高于或低于市场利率的投资收获率沿 O 线移动，是一个人或家庭独有的各种潜在活动的复合物。详见：费雪.利息理论［M］.北京：商务印书馆，2013：243.

讲，在家庭经济收入量和投资行为博弈中会有三种不同的行为选择。

（一）追求当前收入量最大化

此类脆弱家庭的经济收入量处于O^{I}_{1}点，而且处于贫困线上，已经发挥出了家里能挣钱创收的全部潜力和因素，如作为壮年的父母尽最大努力管理庄稼，地里收成已是最好并达到最大产量，老人也在家中做点力所能及的事情，孩子到了上学年龄也没有上学，而是都在家干活挣钱补贴家用等。从当前情况来看，此类家庭生活收入已是最高，日子过得相对宽松，平时生活没有多余的钱，既不用向外界借钱消费，也不会用维持基本生活的收入进行投资。

（二）牺牲当前，立足未来收入量最大化

此类脆弱家庭选择收入地位处于A点，投资行为选择处于O^{IV}_{1}点，此点意味着脆弱家庭下定决心牺牲当前收入AO^{I}_{1}而去赚取未来收入AO^{IV}_{1}，而$AO^{IV}_{1} > AO^{I}_{1}$[①]。例如，让家中孩子上大学、进行更高级技术培训、挤出家庭部分收入O^{I}_{1}进行小型产业投资等。此时脆弱家庭在O^{I}_{1}点时正好处于贫困线上，而一旦转向牺牲当前收入立足增加未来收入时，在没有任何外援资金的情况下，从原来不多的收入中挤出钱，实现让孩子上学、更高级技术培训或小型产业投资等，其家庭收入即刻回缩到A点，生活陷入困境。因为孩子上大学或更高级技术培训将放弃在家挣钱补贴家用的收入，反而让家中另外拿出一部分钱供其开支，而小型产业投资也是先进行成本性投入，后期才能收益赚钱。此时，脆弱家庭当前收入状况处于A点，等孩子大学毕业后挣钱改变家庭状况，这类例子在现实生活中还是不少见的。

（三）牺牲部分当前收入，赚取部分未来收入

此类脆弱家庭的投资状况属于图5.1中O^{I}_{1}与O^{IV}_{1}间的任何位置，如O^{II}_{1}点和O^{III}_{1}点，O^{II}_{1}点表示让孩子上到初中再进行初级培训，O^{III}_{1}点表示让孩子上到高中再进行中级培训或是种植果树等经济作物产业投资。此两点收入地位，脆弱家庭都是牺牲部分当前收入而想赚取部分可增值的未来收入，此时

---

① 因为市场利率一般表现为正值（大于零），根据复利公式，如果终值折现后大于现值，人们将注重未来而放弃当前，这也是市场主体面对当前和未来时，做出行为选择的重要依据。

家庭都会在原来生活紧张的基础上省吃俭用，孩子上学、进行技术培训或小型产业投资等都会给脆弱家庭带来一定压力。至于处于O_1^{III}点的高中位置或中级培训，又将会面临两个选择，继续向左上方移动到O_1^{IV}点，即让孩子考上大学，或是向右下方移动到O_1^{I}点，让孩子回归到家庭挣钱创收，此类情况是现实社会中最为普遍的情况，一般家庭都会如此选择。

二、脆弱家庭投资致富的可行性

图5.2中的内容设置同图5.1相同，对于脆弱家庭来讲，追求自身利益最大化，在没有外部资金介入处于贫困线或以下水平情况时，其挣钱的行为选择也是理性的。

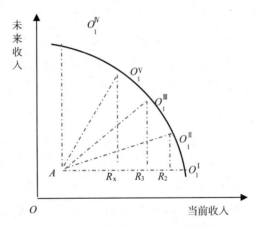

图5.2　脆弱家庭投资机会理性选择

对于处于O_1^{I}点的脆弱家庭来讲，也希望能把日子过得好一点，挤出一点资金让孩子上学、进行技术培训或进行一点产业投资，用以后挣得更多的未来收入改变当前生活状况。

（一）孩子上学、技术培训等人力资本投资

假如图5.2中的O_1^{II}点表示孩子上到初中或进行初级技术培训[①]，O_1^{III}点表示孩子上到高中或进行高级技术培训，在O_1^{I}点到O_1^{II}点再到O_1^{III}点的

---

① 对于中国来讲，初中属于九年义务教育制度，不应有个人家庭投入，但是如果选择让孩子上学，既能省钱还能干活挣钱补贴家用，这部分机会成本在论文中也表示为家庭投入。

移动过程中，脆弱家庭的不耐性如同上面产业投资时一样，处于增加过程，即假设由15%→20%→30%→X_I%[①]。而让孩子上学或进行技术培训形式表现的人力资本投资边际报酬率却与产业投资相反，一般是上升趋势，即50%→60%→80%→X_R%[②③]，假如家庭投资让孩子上初中或初级技术培训时，投资处于图O^{II}_1点，投资收益率为50%，当脆弱家庭投入等额资金让孩子上高中或进行高级技术培训时，投资处于图O^{III}_1点，收益率可能是60%，大于O^{II}_1点的50%，同理，投资处于O^X_1点的收益率可能是80%，并大于O^{III}_1点的60%。以此类推，脆弱家庭的人力资本教育投资会进一步追加，让孩子逐步提高学历。在上述以孩子上学或进行技术培训等人力资本投资过程中，只要投资收益率大于相同投资点时的不耐性，即X_R%-X_I%>0，脆弱家庭就能忍受投资压力，并会不断进行人力资本投资让孩子继续上学或进行技术培训[④]，脆弱家庭将沿投资收益线O继续向左上方移动，最终达到O^{IV}_1点，让孩子上大学或进行更高级技术培训，甚直超过O^{IV}_1点进一步深造，而家庭中成员宁可自己省吃俭用、卖房卖地，也要让孩子进一步攻读研究生等更高学历，脆弱家庭收入地位将回缩到A点或A点左侧，这种现象在实际社会生活中并不少见。

（二）小型产业投资

脆弱家庭选择种植经济作物等进行小型产业投资时，其家庭投资机会将O沿线由O^I_1点向O^{II}_1点移动。第一笔投资，图5.2表明，如果它牺牲今年收入100元，能够实现明年收入150元，而处于O^{II}_1点时，反而获得150元，并获

---

① X_I%→+∞，即人的不耐性最大值理论上可以接近+∞，此时表现为因为没有任何收入，而使自己在短时间内对于资金或财富数量的需求渴望程度达到疯狂地步，例如：因为身无分文无钱购买食品快要饿死的人，为钱财和食物会做出一些极端行为。不耐性等于过志愿线某一点的斜率与横轴的夹角的正切减去tan45°（100%），即tanα-tan45°，α→90°，tanα∈（0，+∞）。理论上讲，不耐性存在负值，但是本文不进行研究。

② 人力资本投资收益率可以大于100%，这也是诸多家庭选择供孩子上学或进行技术培训的重要原因。

③ 文中用百分比表示投资收益率为X_R%，用百分比表示不耐性为X_I%。

④ 而此时脆弱家庭的人力资本教育投资动力表现为投资收益率X_R%与不耐性X_I%的差是不是正数，即X_R%-X_I%如果大于零，将继续进行教育投资，让孩子上学。

得50元净收益，投资收益率50%，如果此时他的内心深处本来只愿意赚取15%，结果比内心意愿还多赚35%[①]。在第一笔产业投资的基础上进一步追加投资，投资状况将由O^{II}_1点移到O^{III}_1点，此时假如再投资100元，能赚回140元，即投资收益率40%[②]，净利润40元，此时其不耐性[③]（内心的赚钱意愿）变为120%[④]，但是仍然有20%可赚取，结果比内心意愿多赚20元。因此，在追加投资收益率与不耐性之间差额呈正数时，脆弱家庭将进一步追加投资，直到边际收益递减后的投资收益率等于上升后的不耐性时，投资将停止。如图5.2的O^X_1点，如果投资收益率与不耐性都停留在30%的水平上，脆弱家庭经济收入量将从自己最大收入时的AO^I_1到ARX，将有RXO^I_1部分用于小型产业投资，此时脆弱家庭投资将停止并处于贫困线以下。那么，上述这种人力资本教育或小型产业投资对于脆弱家庭来讲，又会使其面临哪些压力呢？一般会是如何选择呢？

三、脆弱家庭文化教育投资与不耐性

在上述分析中发现，既然孩子上学或技术培训等人力资本教育投资有如此大的投资收益率，脆弱家庭为何不都选择这种投资行为呢？在选择过程中又会存在哪些顾虑呢？主要表现为贫困家庭的承受力在漫长的求学或学技术过程中是否能承受，这种压力主要表现为家庭的不耐性[⑤]。见图5.3。

---

① 他愿意赚取的15%衡量了他在此点收入地位时的不耐性或时间偏好率,任何人的不耐性表现为他在某收入地位时志愿线的某一点经由它的坡度（倾斜度）与100%间的偏差,表示他处于某一点特定地位收入时的不耐程度,收入越低不耐性越大。

② 因为第一笔投资收益率为50%,在边际收益递减情况下,第二笔收益率为40%,依次类推,逐渐降低。

③ "不耐性"一词由欧文·费雪在《利息理论》一书中首先提出,是一种时间偏好,指同一个人在不同时间段的相等时间单位内,面对相等数量的金钱或财物时,所表现出的不同渴望度。如一个人贫困落难时相比很富有时,面对相等数额100元就会表现出不同的渴望度,贫困落难时的"不耐性"大于富有时的"不耐性"。

④ 任何人的不耐性都会随着收入地位或收入状况的下降而上升,图5.2中脆弱家庭投资由O^I_1移到O^{III}_1时,其家庭收入量沿着横轴向左移动,收入量减少,不耐性增加。

⑤ 费雪.利息理论[M].陈彪如,译.北京:商务印书馆,2013:217.

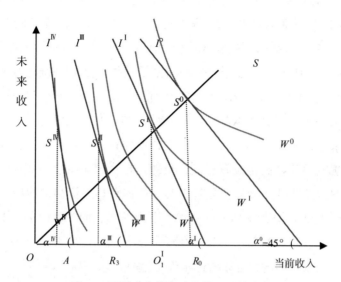

图5.3　脆弱家庭收入地位的不耐性变动

图5.3中，在横轴与纵轴之间划一条45°角的对角线S，通过相交于S线的一组曲线W表示脆弱家庭不同收入地位时的不耐性，即志愿线（同一志愿线上的各点具有相同的不耐性，只是对于今天收入与明天收入之间比例不同），垂直于S线画一条直线I^0与曲线W^0相切于S^0点，并与横轴相交成夹角α^0，且$\alpha^0=45°$，此时图中表现为家庭经济收入量为R_0，表示一个家庭收入量比较大时，今天收入等于明天收入，其没有对于投资收获的渴望程度，没有任何投资赚钱的欲望，即不耐性为tan45°–tan45°=0。由于群体收入地位较高时，会感觉有用不完的钱，其不耐性表现为0，如家有万贯的富翁等。但是，随着家庭收入量的减少，其不耐性逐步增大，当收入由R^0减少到O^I_1时，其志愿线为W^I，通过S线画一条直线I^I与W^I相切于S^I点，并与横轴相交成夹角α^I，显然$\alpha^I>\alpha^0$，$\alpha^I>45°$，则收入地位O^I_1时的不耐性为$X^I_1\%=\tan\alpha^I-\tan45°>0$[①]，假如此点的收入地位就是贫困线。通过$S$线画一条直线$I^{III}$与$W^{III}$相切于$S^{III}$点，并与横轴相交成夹角$a^{III}$，显然$\alpha^{III}>\alpha^I>45°$，则此收入地位$R^3$时的不耐性$X^{III}_1\%=\tan\alpha^{III}-\tan45°>0$，而且大于$O^I_1$点时的不耐性，即$X^{III}_1\%>X^I_1\%$。

---

① 任何一条与志愿线W相切并相交于横轴的不耐线，最终都在图5.3左上方与纵轴相交于一点。

以此类推，随着脆弱家庭人力资本教育投资造成家庭收入地位下降到A时，通过S线画一条直线I^{IV}与W^{IV}相切于S^{IV}点，并与横轴相交成夹角α^{IV}，则$\alpha^{IV}>\alpha^{III}>\alpha^{I}>45°$，其此时所处收入地位的不耐性$X_i^{IV}\%=$ $\tan\alpha^{IV}-\tan45°>$ $\tan\alpha^{III}-\tan45°>\tan\alpha^{I}-\tan45°>0$，当通过超低收入地位志愿线的切线与横轴相交夹角$\alpha^{x}\rightarrow90°$时，脆弱家庭不耐性$X_i^{I}\%=$ $\tan\alpha^{x}-\tan45°>0$，由于$tg\alpha^{x}\rightarrow+\infty$，所以$X_i^{I}\%\rightarrow+\infty$，此时表现为脆弱家庭一点收入也没有，不吃不喝，不穿不住，也没有任何收入，对生活完全陷入绝望和疯狂，只有一死了之，此时在不耐性压力下，即使是教育上学的投资收益率再高也没有意义，只能选择让孩子退学，而此时退学后的收入地位将处于图中的A点，后期的人力资本教育投资半途而废，或者是家庭收入地位由O_i^{I}向A点变动过程中收入不断下降，而不耐性不断上升，处于中间某一个收入地位时就会选择让孩子退学，回家赚钱补贴家用，仅从作为一个劳动力回家挣钱的角度来看越早退学越好，家庭压力越小。

对于天赋不好的孩子，家庭花钱上学为其投资时，家庭收入从图中的O_i^{I}点向左移动，花钱越多越靠近A点或越过A点，然而孩子未来收入的上升增值较少，此时将选择早点让孩子退学回家干活挣钱。

对于天赋比较好的孩子，在家庭教育投资的情况下，其未来收入上升很快，同样，家庭收入也是沿O_i^{I}点向左移动，并靠近或达到A点，但是处于O^{IV}点大学毕业后能否马上工作挣钱，兑现未来收入大于当前收入的可能性又是一个问题，如果能及时就业赚钱补贴家庭收入，家庭就可以走出困境，但是如果不能及时就业挣钱，家庭收入地位将仍处于A点位置，这也是我国针对当前经济形势提出"六稳""六保"[①]，并把就业放在首位的一个重要原因，目的就是让脆弱家庭中牺牲当前收入而赚取未来收入的人力资本教育投资，快速地实现未来收入大于当前收入，让已投入家庭尽快增加收入，加速从A点向O_i^{I}点移动，并超过O_i^{I}点或者是接近R_0点，降低脆弱家庭的不耐性，超越贫困线实现致富。因此，"就业是人力资本实现价值、呈现价值的

---

① 2018年7月31日召开的中共中央政治局会议首次提出"六稳"，即稳就业、稳金融、稳外贸、稳外资、稳投资、稳预期。2020年4月17日召开的中共中央政治局会议首次提出"六保"，即保居民就业、保基本民生、保市场主体、保粮食能源安全、保产业链供应链稳定、保基层运转。"六稳""六保"是我国在特殊时期落实稳中求进工作总基调的具体布署，也是"以人民为中心"发展思想的具体体现。

根本途径，增加就业就是获取收入，增加就业就是增强人们参与社会的获得感，就业不仅仅是困难人口最有效最直接的致富方式，也是解决相对贫困问题的重要途径"[①]。

四、脆弱家庭文化教育投资的"两难"

发家致富是每个家庭梦寐以求的目标，但是要想发家致富就要不断进行投资，实践证明人力资本投资是任何一个家庭实现长期发家致富的有效手段。西奥多·舒尔兹（Theodore W.Schultz）指出，"健康、教育、经验、培训和更有效的经济核算能力等要素，已成为现代经济收入增长的重要源泉，需要把人的生产技能和生产知识看成是一种沉淀在人的大脑中的一种资本存量"[②]。唐正娟（2018）基于 2014 年中国家庭追踪调查（CFPS）数据，利用分位数回归（QR）方法，实证分析了教育程度对贫困居民收入的影响。研究表明：教育程度对居民收入有显著的影响，教育对城市、乡村低收入者居民影响更突出，同时，越是低收入人群，受教育程度也越低，受教育程度越高的居民，往往拥有相对较高的收入，提出教育是让贫困人口摆脱贫困的有效措施[③]。

而对于脆弱家庭来讲，在是否选择人力资本投资时将面对"两难"选择，一是如果不进行人力资本投资提高家庭成员的知识与技能，将难以实现长期致富，有可能世世代代都无法远离贫困临界点。二是如果进行人力资本投资让孩子上学深造或进行技术培训等，就会使家庭经济收入马上减少，生活可能再次返回到临界点以下而陷入困境。所以，脆弱家庭将不得不在上述"两难"之间做出艰难选择，在这"两难"面前，很多脆弱家庭犹豫不决，望而却步，从而影响其，实现长期发家致富。如何能打消脆弱家庭的顾虑，引导和鼓励他们放心大胆地进行人力资本投资，实现长期发家致富呢？这就

---

① 张传洲. 相对贫困的内涵、测度及其治理对策［J］. 西北民族大学学报（哲学社会科学版），2020（2）：112-119.

② SCHOLTZ T W. Investment in human captical［J］. American Economic Review.1961, 51: 1-17.

③ 唐正娟. 精准扶贫视角下受教育程度对城乡居民收入的影响分析　IDJ.成都：西南民族大学，2018.

成为国家、社会团体和组织等需要解决的问题。

正如阿比吉特·班纳吉认为，"对于几乎无钱可投的人来说，一旦收入或财富迅速增长的范围受限，那么他就会掉入"贫困陷阱"；另一方面，如果穷人快速增收的潜力很大，而且这一潜能随着富裕程度的提高逐步减弱，那么"贫困陷阱"也就不复存在"①。张永丽、陈建仲（2022）②通过甘肃省2016—2021年数据，对农户生计脆弱性进行实证分析，发现有近8.34 %的农户脆弱性程度比较高，属于易返贫人群。

五、金融扶持对冲脆弱家庭投资行为

上文分析了脆弱家庭在没有任何外部资金流入援助的情况下，在孩子上学、技术培训等人力资本或产业投资方面的行为选择，以及选择后面对的不耐性压力等动态变化情况。如果存在外力金融扶持给予援助，输入资金改变其收入地位使其致富后，其投资行为选择又会是什么样子呢？其投资后的不耐性压力会有哪些变化？详见图5.4。

（一）脆弱家庭贫困线以下投资的风险性

对于处于贫困线的脆弱家庭群体来讲，不进行投资是理性的，因为"其考虑的第一问题永远是生存问题，只有基本生活保障得到满足的情况下，才会有其他产品等方面需求，所以对于此类脆弱家庭来讲，难有投资行为决策的存在，因为维持基本生存都已经很困难了"。③

---

① 班纳吉. 贫穷的本质［M］. 景芳, 译, 中信出版社. 2013：10.

② 张永丽, 陈建仲. 基于农户生计脆弱性视角的防返贫应对策略［J］. 华南农业大学学报（社会科学版），2022（5）：86–98.

③ 王红霞. 贫困主体行为选择模式相关研究评述［J］. 商业时代, 2009（14）：6–7.

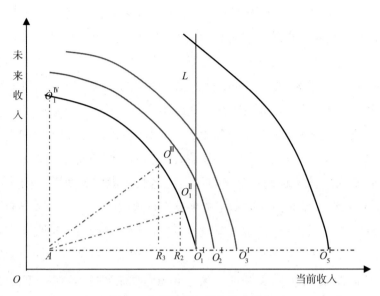

图5.4　金融扶持与投资行为选择

上面分析中，已假设O^{I}_{1}点时的家庭经济收入是最大收入量，而且正好处于贫困线上，对于处于贫困线收入量O^{I}_{1}点的家庭来讲，不管是小型产业投资还是人力资本教育投资都是牺牲当前收入赚取未来收入，致使家庭当前收入量减少，并从O^{I}_{1}点向左移动，靠近A点或是越过A点达到左侧[①]。至于能否靠自身人力资本或产业投资成功后的未来收入，帮助其在未来生活中远离贫困线实现致富，仍然存在较大风险和不确定性。通过上面分析，如此变化的结果是家庭不耐性压力会随收入量的减少而增大，即$\tan\alpha^{x}\nearrow$，而$\tan\alpha^{x}-\tan45°\nearrow$，不耐性$\rightarrow+\infty$，直到无法忍受的地步为止，如果半途而废让孩子退学、产业投资中止或投资失败后，家庭收入地位将处于AO^{I}_{1}之间的某一点上，并且永远处于贫困状态，显然此方案不可取。所以，"如果收入量及稳定性变小，群体生活中表现出目光短浅，遇事不做长远打算（不耐性上升）。当没有任何收入时（不耐性为$+\infty$），人们往往表现出不顾一切地抢劫犯罪等极度不耐性行为。当具有花不完的金钱和财富时（不耐性为0），则表现出对生活

---

①　此时家庭日常生活开支完全靠借钱生活。至于当前收入量为零和纵轴重合的经济单元来讲，一般表现为难民、完全丧失劳动能力的人等。

中任何事都不发愁的极度耐性"[①②]。对于脆弱家庭面对贫困变化时所表现出的不耐性,同贫困群体性也有相似之处,世界银行在2001年针对群体提出的脆弱性概念认为,"脆弱性是家庭资产禀赋、保险机制以及遭受冲击程度和频度的函数,能够反映当下贫困状况以及预测家庭面对未来各种不确定性时陷入贫困的概率"[③]。贫困家庭在遭遇风险冲击时,受到影响的程度和应对冲击所进行的决策能直观地反映出家庭的贫困原因、贫困程度和不耐性压力。正如研究认为,"贫困深度显著降低了脆弱家庭致富内生动力,即越贫困,其致富内生动力越低;陷入贫困时间越长,脆弱家庭致富内生动力越低"[④]。1978年,尤努斯在应邀主持中央银行组织的一个名为"资助乡村穷人"的研讨会时,俄亥俄州立大学的一些美国专家认为贷给穷人的贷款利率一定要高,有较高利率的压力,穷人就会更加持续地还款。为此,尤努斯反驳说:孟加拉国的农民在绝望时,无论向他们收取多高的利率,他们都会借钱,他们甚至会去向一个威胁要夺走他们所有一切的高利贷者借钱[⑤]。沈承放、莫达隆采用平均综合得分方式,对56户贫困户致贫原因进行分析,得出最主要的致贫原因是缺少技术,其次是上学而致富效果好的贫困户主要是因为其家庭劳动力经过技能培训或经介绍可以外出务工,其次是因为家中学生已经毕业,且已拥有工作,也有部分贫困户由于种植了特色水果而有了较高的收入。在致富效果一般的贫困户中,影响其致富的因素主要是缺少技术、自身发展动力不足、子女上学等原因(详见图5.5)[⑥]。

① 穆玉堂, 吴尚燃, 李爽. 金融扶贫对象预期目标可得性激励机制分析 [J]. 吉林金融研究, 2020 (1): 55–56.

② 从几何图形上看, "不耐性"是随着经济主体收入量增大的减函数。

③ WORLD BANK STAFF. World Development Report 1995: Workers in An Integrating World [M]. Washington, DC: World Bank, 1995.

④ 王强. 贫困群体脱贫内生动力及影响因素研究——基于全国农村困难家庭2014—2016 年面板数据的实证分析 [J]. 云南民族大学学报 (哲学社会科学版), 2020 (1): 90–99.

⑤ 尤努斯. 穷人的银行家 [M]. 吴士宏, 译. 上海: 三联书店, 2018: 96.

⑥ 沈承放, 莫达隆. 精准扶贫形势下农村贫困户脱贫现状调查研究 [J]. 当代经济, 2020 (1): 121–125.

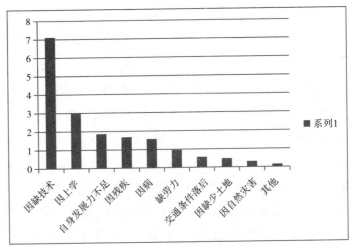

图 5.5 致贫原因平均综合得分图

为此，纳克斯的"贫困恶性循环理论"也认为，资本缺乏是贫困产生的重要原因，贫困是由于存在着若干个相互联系、相互作用的"恶性循环系列"，即"低收入→低储蓄能力→低资本形成→低生产率→低产出→低收入"的循环，这个恶性循环使脆弱家庭在封闭圈内徘徊，使贫困人员无法走出贫困。贫困不仅造成脆弱家庭资本积累无法形成，同时，还存在"社会排斥"[①]，使得脆弱家庭很难取得其他社会资本的帮助。所以，贫困产生的首要根源就是资本缺乏，而金融扶持可以打破"社会排斥"，使得脆弱家庭资本形成，为脆弱家庭致富和实现可持续发展提供资本支撑，进而实现良性循环下的真正致富。

（二）金融扶持外力"输血"后的绩效

针对上述脆弱家庭投资后陷入贫困境地的艰难状况，只有通过政府或社会组织，通过外力金融扶持的方式给予金融资本——"输血"，增加或补齐脆弱家庭由于投资而造成的家庭收入量减少额，才能保持脆弱家庭处于贫困线以上的致富状态，处于合理能承受的不耐性状况。如图5.4中所示，如果脆弱家庭投资处于让孩子上到初中或进行初级技术培训时的O^{II}_1点时，

---

① 社会排斥是指社会把某些人或群体排斥在一定的规范体系或者制度以外，使之"边缘化"。在金融上主要表现为贫困人口难以获得社会资本援助。

家庭收入量将减少$R_2O^{I}_1$，此时，政府或社会组织以金融扶持方式把减少的收入量补齐，即金融扶持量为$O^{I}_1O^{I}_2$，且$O^{I}_1O^{I}_2 = R_2O^{I}_1$，使其仍处于原致富状态正常生活。如果脆弱家庭让孩子上到高中或进行高级技术培训，投资状况处于O^{III}_1点，家庭收入量将减少$R_3O^{I}_1$，此时，既能让孩子上学或进行技术培训又能让贫困家庭不至于返贫的最好办法就是通过政府或社会组织等外力金融扶持方式补齐家庭收入减少量$R_3O^{I}_1$，即金融扶持量为$O^{I}_1O^{I}_3$，且$O^{I}_1O^{I}_3 = R_3O^{I}_1$。以此类推，当家庭让孩子上到大学或进行更高级技术培训，处于O^{IV}_1点时，家庭收入量将减少AO^{I}_1，金融扶持量应补齐$O^{I}_1O^{I}_5$，且$O^{I}_1O^{I}_5 = AO^{I}_1$。通过这种外力金融扶持方式给脆弱家庭"输血"，即使在孩子上学或技术培训过程中的任何学习阶段退学都不会使家庭处于贫困状态，并永远处于致富状态，即在家庭收入量上处于图5.4中的L线上。我国所实行的助学贷款、扶持贷款、产业扶持贷款等，都是基于这种理论思维的基础上实施的。

至于脆弱家庭处于O^{IV}_1点的学生毕业或培训结束就业后，因为具有了可实现未来收入增值的人力资本积累，此时的当前收入（上学时的未来收入AO^{IV}_1）远远大于先前投入（上学时的当前收入AO^{I}_1），即实现$AO^{I}_1/AO^{IV}_1 \gg 1$，并呈上升趋势。利用先期金融扶持的外界"输血"实现今天自身"造血"，并逐步增加家庭收入量，使家庭经济收入量从O^{I}_1点向右移动并接近远处富裕的R_0点，同时，降低家庭不耐性压力，在家庭经济收入量上完全实现永远致富。

对于小型产业投资的先期投入，也应通过金融扶持外力输入方式给予补齐，利用产业未来收入大于当前收入的增值放大作用，增加原脆弱家庭的收入量，推动家庭经济收入量向O^{I}_1点的右侧移动，实现完全致富。即使家庭小型产业投资偶然遭遇自然灾害等不可抗力打击歉收时，也不会使家庭在收入量上处于贫困状态，仍能保持可接受的不耐性状况。因为上述投资行为的先期投入在数量上处于（0，$O^{I}_1O^{I}_5$]之间，此部分金融资本来源于外力金融扶持援助，消除了因家庭经济收入量减少而产生的不耐性压力影响。

例如，中国扶贫过程中，"2016年5月，当富滇—格莱珉扶贫贷款项目第一次进入云南大理太邑彝族乡大坪地村实施贴心服务贷款时，贫困户李秀英家一次性贷款2万元进行小型产业投资，先是买了几只小猪崽，又用一部分资金种植花椒、滇重楼等，种养结合，再加上勤劳的双手，贷款当年李秀英家便赚了1万多元，随后两年，李秀英家坚持每年贷款2万元，继续扩大种植、养殖产业，把日子过得越来越红火"①。在四川凉山彝族自治州，国家开发银行针对州民族中学发起了一项助学行动——"春晖助学计划"。该行动面向全州建档立卡贫困户子女，根据中考成绩资助品学兼优的高中学生，每人每年补助8 000元，帮助他们完成三年高中学业。其中，在吉克依果家中有6口人，有4个孩子上学，这个6口之家生活非常困难，家里的主要收入来源是洋芋、燕麦等农作物种植和牛羊养殖，最好的光景年收入仅2万元左右，但是要同时供养4个孩子上学，属于标准的贫困户，既要生活，又要供4个孩子上学，家庭陷入困境。但是国开行的助学贷款改变了这一家的命运，4个孩子都考上了大学后，还能让他们都能读得起大学。2020年7月，大儿子吉克依果已经大学毕业参加了工作，由于有了一定收入，家里状况明显好转，有了大儿子作经济后盾，二儿子吉克阿甲莫大学毕业后还想继续读研究生，让自己变得更有能力一点②。

通过国家助学贷款，实现了外力"输血"式金融扶持贷款让贫困家庭致富的现实。正如前期研究所说，"对于处于'贫困陷阱'曲线上的群体进行扶持时，应以金融扶持给予式为主，增加其今天当期收入，使其在今天投入或面对生活困境时，不至于因透支将来收入而使生活陷入困境，用金融扶持的外力'输血'，在短期内助推贫困人员向'致富临界点'靠近或超越，从而实现致富"③。我国的致富工作取得了巨大成效，很重要的一个原因就是金融扶持对于脆弱家庭的助推作用④。

为此，尤努斯指出，"我对穷人做工作的亲身体验中，我完全确信，如果我们把给予富人的相同或相似的机会给予穷人的话，他们是能够使自己摆

---

① 韩昊.小康路上的"半边天"[N].金融时报，2020-9-8（3）.

② 周萃.教育扶贫托起大凉山的希望[N].金融时报，2020-10-13（5）.

③ 穆玉堂，牟晓伟，吴尚燃.金融扶贫与文化扶贫的承接性机理分析[J].西北民族大学学报（哲学社会科学版），2020（5）：92-99.

④ 近年来，我国金融扶持贷款稳步增加，贷款覆盖面逐步扩大。截至2019年末，全国建档立卡贫困人口及已脱贫人口贷款余额7 139亿元，较2015年末年均增长24.43%，惠及2 013万贫困人口，贷款累计覆盖率超过40%；产业精准扶持贷款余额1.41万亿元，较2015年末年均增长35.94%。

脱贫困的，穷人本身能够创造一个没有贫穷的世界，而我们必须去做的只是解开加在他们身上的枷锁而已"[①]。上述相同或相似的机会，不仅仅表现为上学，更主要表现为得到社会金融资本的援助，起到助推致富的作用。

六、金融扶持与投资行为选择的关系

正如阿比吉特·班纳吉所认为的那样，"对于几乎无钱可投的人来说，一旦收入或财富迅速增长的范围受限，那么他就会掉入'贫困陷阱'；但对于有能力投入的人来说，这一范围就会极大地扩展。另一方面，如果穷人快速增收的潜力很大，而且这一潜能随着富裕程度的提高逐步减弱，那么'贫困陷阱'也就不复存在"[②]。所以，从上述对于脆弱家庭是否存在外部金融扶持资金援助两种不同情况下的不耐性压力变化及投资行为对比分析，可得出以下几点内容。

（一）贫困家庭仅靠自身实力难以实现投资致富，需外力助推

贫困家庭在没有任何外界资金输入，尚处于贫困线下时难以进行致富投资，如果靠贫困家庭自身投资，将不断降低家庭收入地位，增加不耐性压力，致使家庭生活陷入困境，使家庭面对孩子中途退学、孩子毕业后无工作、产业破产等诸多社会不确定风险，而且任何一个风险的出现都会使贫困家庭雪上加霜，长期处于贫困状态。

（二）金融扶持有助于降低脆弱家庭的不耐性压力，增加投资底气

通过政府或社会组织等外界金融扶持方式，直接给脆弱家庭进行外力"输血"，注入金融活水，补齐或超出因其致富投资而导致的家庭经济收入量减少额，对冲和降低不耐性压力，使其在理性投资时，都能保证家庭收入地位处于贫困线以上水平的致富状态，保持能接受的不耐性压力。

（三）后扶持时代继续实施金融扶持，阻止脆弱家庭返贫

2020年底，我国已实现现行贫困标准下贫困人员全部致富，但是刚刚致富的脆弱家庭在经济收入及创收能力上还比较脆弱，仍需通过金融扶持方式

---

① 尤努斯.穷人的银行家[M].吴士宏，译.北京：生活·读书·新知三联书店，2006：251.
② 班纳吉.贫穷的本质[M].景芳，译.北京：中信出版社，2013：10.

给予扶持，使其真正实现自身"造血"，助推其远离贫困线，不断降低不耐性压力，真正起到阻断和防返贫的后卫作用。

（四）教育减负保就业，加速未来收入变现能力

对于脆弱家庭来讲，子女教育是一项重大开支，而毕业后能否及时就业，将前期投资及时变现，又是一个棘手的现实问题。为此，2021年，国家制定了"双减"政策，大大减轻了家庭教育负担。针对每年新毕业的约800万大学生能否及时挣得收入，将前期家庭教育投资及时变现问题，2018年、2020年，国家先后提出"六稳""六保"，而"六稳""六保"的第一条都是围绕"就业"提出的，这也说明了国家对于就业的重视程度。

（五）加大农村产业投资保险覆盖面，降低脆弱家庭投资风险

脆弱家庭在农村小型产业投资致富过程中，不仅面对环境、市场等风险，还经常面对自然灾害等不可抗力风险，如果所投资产业项目没有相应保险品种或没有投保，一旦遭遇风险将会造成巨大损失甚至破产，再次返回到贫困状态。如2021年7月份，河南、河北、山西等中原地区省份，大面积遭遇强降雨，致使多地农作物受灾，农民产业性投资遭受巨大损失。2021年11月，内蒙古通辽等地遭遇特大暴雪，致使牛羊、大棚等损失巨大。但是，因为此前大多产业投资都已投保，农民损失不是太大，有效地阻断了因投资返贫的风险。所以，国家应针对农业产业性投资多设计相应的保险产品，增加农民产业投资的底气，阻断投资返贫底线。

（六）改变农村文化贫困状况，降低道德风险

农村贫困的一个重要原因是思想、观念、思维等文化贫困，懒惰、等待、依靠、伸手要等不主动、不动脑、怕吃苦的思想长期存在，这也是贫困的根源问题。解决农村真正贫困问题，短期靠金融扶持，长期靠文化扶持。所以，在后扶持时代，在持续进行金融扶持、降低其投资不耐性的同时，重点向教育、宣传等文化扶持转移，改变贫困的思想根源，实现贫困群体自身"造血"。

综上所述，金融扶持通过影响脆弱家庭的经济收入量，对脆弱家庭的不耐性压力产生影响，进而影响其致富投资行为的心理决策，在整个脱贫与致富过程中，金融扶持不仅对贫困阶段的贫困家庭致富投资行为产生助推作用，而且对于刚刚致富后的脆弱家庭也起到阻断和防返贫作用。

第六章　扶持、预期目标与激励

预期目标的远近与否，对一个人的激励程度也不同。在农村家庭发展致富过程中，金融扶持要针对近期目标，文化扶持要针对远期目标。任何个人或家庭都有自己的预期目标，有近有远而各不相同，不同的预期致富心理目标，会使脆弱家庭产生不同的信心与动力，不同的所有权也会让脆弱家庭产生不同的心理预期，并表现出不同的劳动激情，这一点可以用文化扶持来解释并解决。

一、扶持与预期目标

多年来，我国对于扶持工作一直比较重视，特别是党的十八大以来，将脱贫工作列入三大攻坚战之一。在扶持过程中，扶持工作会遇到诸多目标方案的选择，有的给钱、给物、帮助迁移盖新房，有的给予产业扶持、安排就业、给予教育医疗补助等，从外在方式上看，有不同的表现方式，从时间维度上看，有不同的见效时间节点。现实中，对于急需脱贫的对象来说，如何在送钱、送物、政策倾斜、技术培训、就业指导、文化引导等不同的目标方案上做出选择？他们选择依据的理论原则又是什么？为何对于政府及社会团体制定的有些扶持目标方案不喜欢？本书将从金融学未来收入折成现值的可比对性及心理学的目标可得性角度出发，对扶持对象如何做出理性选择进行分析，为政府及社会团体扶持目标方案的制定，提供一定的理论参考，让脆弱家庭实现长期发家致富。

（一）致富预期目标可得性实验分析

在文化及金融扶持过程中，对于扶持对象目标的制定原则是：近期可实现，让其看到希望，感到努力后能实现。千万不能画饼充饥，脱离他们现实生活太远，扶持方案目标离他们越远，起到的作用越小，有的甚至起到反作用（如图6.1所示）。

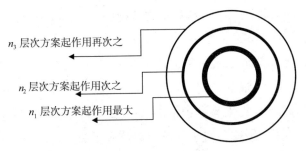

n_3 层次方案起作用再次之

n_2 层次方案起作用次之

n_1 层次方案起作用最大

图6.1　扶持目标预期可得性效用

图6.1中，按扶持对象的真实需要来划分，n_1方案由于离扶持对象真实需要最近，对于扶持对象来讲，所起作用最大，n_2方案次之，n_3方案再次之，以此类推，即$n_1 > n_2 > n_3 > \cdots > n_n$。而距离扶持对象真实需要越远的方案，不仅起到的作用越小，还可能会起到反作用，让扶持对象在贫困感觉与感觉与感受上更加痛苦。这一点也符合管理学中的马斯洛需求层次理论。

对于扶持对象来讲，最急需的事情是让其脱离当前困境，即基本生活所需的钱、物品、挣钱的途径或方式，而对于其出入是否开车、是否西装革履等目标，他们并不感兴趣，对于其脱离当前困境无益，反而会更加重其面对当前困难境地的痛苦，减少对发家致富的希望和信心，因为他们眼前急需生活中的钱。

为此有人做过一个有关饥饿的实验，找到36位身体健康的男性志愿者作为研究对象，在受控环境下，研究人员对志愿者提供的食物一直在减量，这一阶段持续了几个月以后，开始观察志愿者思想与精神上的反应。在其排队吃午餐时，如果服务速度很慢，排队等候进餐的人就会急不可耐，用餐时对食物的占有欲很强，有的人甚至用胳膊环住餐盘，以保护盘中的食物，没有对食物进行挑剔，会将所有食物吃个精光，之后还将盘子舔了一遍。在实验期间，有人开始迷上菜谱和当地餐厅的菜单，有些人开始产生进入农业领域的打算，梦想开餐厅，并对菜单价格进行对比等，即使在看电影时，只有与食物有关的情节才会引起他们的注意和兴趣。有的志愿者讲道：食物成了他人生中最为重要的东西，并成为人生的中心和唯一，即使在看电影时，其中男女恋爱的场面也不会使其产生兴趣，而一旦那些男女青年开始吃东西时，就会眼前一亮，由此可见，对食物的渴望已完全俘获了他们的大脑。①

此时，志愿者将注意力全部集中到食物上，食物成了第一要务，而对于那些超越了目前自身实际的需要——以后要开餐厅、对比食物价格、研究菜谱等，这些不能缓解饥饿的遥不可及的事情，反而会进一步加剧饥饿给他们带来的痛苦，此类事情就如同上图6.1中所提到的远离需求中心的n_n方案。

反映在我们当前文化及金融精准扶持工作中，从扶持效果来看，不管是政府还是社会团体组织，对于扶持政策及方案的实施，一定要贴近扶持对象的现有需求，对于衣、食、住、行、教育、就业、当前收入等眼前急需办理的事情，应优先给予扶持帮助，而对于其以后或稍远一点，表现并不是那么强烈的进一步需求，可以暂时先缓一下，特别是对于那些远离人们具体生活的、遥不可及的远大目标——入住宽敞的楼房、开车上下班、全世界旅游等，最好不要涉及或闭口不谈，因为这类远期目标对于他们当前脱离困境不会有帮助，反而会加剧他们的痛苦。这也反映了2000年前后，我国的电视文艺节目中，关于贴近老百姓实际生活的乡村电视剧比较受欢迎的原因。而对于扶持对象来讲，最不受欢迎的就是那些与脆弱家庭现状相离太远的文化作品，其实这类作品在文化及金融扶持中只能起到反作用，反而更加增加他们的痛苦感。

（二）致富预期目标可得性理论分析

扶持过程中，从扶持对象认可的发家致富有效性来讲，近期目标效果大于远期目标的分析，上面已通过实验的方式进行了检验，下面再从期值折现比对、收入与理念的演变角度进行分析。

1. 期值折现的比对

这一理论认为：对于远期不同时间实现的收入无法进行比较期有效性，对未来同样的收入，较远的现值比较低，较近的现值比较高；同样的未来收

---

① 穆来纳森, 沙菲尔. 稀缺: 我们是如何陷入贫穷与忙碌的 [M]. 魏薇, 龙志勇, 译. 杭州: 浙江人民出版社, 2014: 6-12.

入，较早地折现后财富较高，较晚地折现后财富较低，理性的经济个体或个人，将选择未来收入折现后现值为最高的方案目标。对于扶持对象来讲，他将从自身发家致富有效性出发，根据各个不同时期的目标方案，把目标方案作为一种期值，按现有市场利率折成现值进行比对后，做出决策。可根据复利公式：

$$FV = PV \ (1 + r)^n \qquad\qquad (1)$$

将公式（1）变型后得：

$$PV = \frac{F_V}{(1 + r)} \qquad\qquad (2)$$

变形后的公式（2），对于发家致富预期目标可得性效用分析是很有用的，不管是预期什么时间段的目标方案，都需折成现值进行比对，才能做出决策。公式中 F 为终值，P 为现值，r 为市场利率，n 为距离预期目标方案可实现的年限（或时间）。假如，扶持时扶持对象现年40岁，有两个目标方案可选择，一是现在就得30 000元扶持款，二是40年后给他一套价值200 000元的房子，现在市场利率为5％，他会如何选择？根据公式（2），F =200 000元，r =5％，n =40，代入可得 P =28 409元，从计算结果看，他会选择第一方案得扶持款30 000元，因为从现值角度对比来看，30 000元 > 28 409元，即使是第一方案由原来的30 000元降到20 000元，他也可能选择要现款，原因是如果不要现款而选择第二方案，还需等40年，他现在已经40岁，到那时已80岁，即使得到价值200 000元的房子，对他后期的享受也没有多大意义[①]。

所以，从理性的选择来看，扶持对象选择现值扶持款30 000元是对的。结合上图6.1分析，再次证明扶持过程中，越远的目标方案可能越不实用，效用越小，越是贴近扶持对象现实的方案越是可行有效，目标方案随着时间的推移（n ↗），效用会越来越低，即按市场利率折现后的现值变小（PV ↘），直到 PV=0。

---

① 穆玉堂. 小微企业融资中的市场理性选择分析 [J]. 经济研究导刊, 2018 (11):17-20.

2.经济收入量与理念的演变

同一脆弱群体在面对不同收入标准、收入稳定程度及不同时间阶段时，对于生活中考虑眼前还是考虑长远的认知选择不同，一般表现为收入越少越不稳定，其越顾及眼前，表现为对时间的等待不耐性越大；收入越高越稳定，越顾及长远，表现为对时间的等待不耐性越小（如表6.1所示）。

表6.1　不同收入人员的时间偏好（不耐性）[①]

不同收入		目光短浅、意志薄弱、习惯于花钱、没有后嗣	混合的或中等的类型	目光远大、能够自制、习惯于储蓄、有后嗣
	小的、递增的、不稳定的收入	20 %	10 %	5 %
	混合的或中等类型的收入	10 %	5 %	2 %
	大的、递增的、有保障的收入	5 %	2 %	1 %

（表头右上："——► 时间偏好（不耐性）"）

说明：表中第一列表现为扶持人员的收入量情况，由上而下其收入逐步增加，并且收入表现为原因，从而依次影响到扶持群体的时间偏好（不耐性）。第一行表示人们时间偏好（不耐性）由大变小的趋势。表格中数值表示扶持对象在某种收入水平时的不耐程度。

对于扶持对象来讲，在表中一般表现为第一行第二列中的目光短浅、意志薄弱、习惯于花钱、没有后嗣，同时，还具有第二行第一列另一个层次特点——小的、递增的、不稳定的收入。这两个特点的交叉表现在表中为20 %，也是表中各种类型的最高值，此值表现为扶持对象高度的时间偏好——不耐性，在生活中表现为致富路上不踏实，不去考虑以后的事情。而处于第四行与第四列交叉时的1 %，表示人员具有大的、递增的、有保障的经济收入时，同时也表现出目光远大、能够自制、习惯于储蓄等行为，事事做长远打算，具有较低的时间偏好的不耐性，这属于扶持对象以后极为向往的生活方式和目标。

---

① 费雪.利息理论［M］.陈彪如,译.北京:商务印书馆,2013:85.

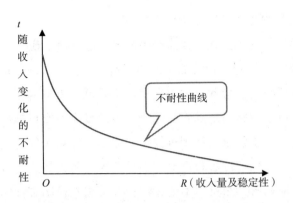

图6.2　贫困群体收入量对其长远打算的影响

图6.2中主要描述了脆弱家庭收入量及稳定性因素与其生活中是否做长远打算的关系，从图中可以看出，横轴群体随着收入量及稳定性的增加，表现出生活中做长远打算或目光长远的趋势越强（图中纵轴表现出不耐性下降）；反之，如果收入量及稳定性变小，家庭生活中表现出目光短浅遇事不做长远打算（图中纵轴表现出不耐性上升）。当没有任何收入时（不耐性为+∞），人们往往表现出不顾一切地抢劫犯罪等极度不耐性行为。当具有花不完的金钱和财富时（不耐性为0），则表现出对生活中任何事都不发愁的极度耐性。

扶持过程中，要想让扶持对象长期脱离困境，应需结合长期目标与短期目标，并围绕这两个目标展开不同方式，给钱、给物只是短期目标中的一种有效方式，但只是应急之需，使用此方式的目的是让其渡过暂时困难，而向长期目标靠近。对于这种情况的人员，短期内需要想方设法地让其增加收入，让其在收入上向混合型或中等类型的群体靠拢，以此来降低其不耐性，增加其脱贫致富的信心和勇气，这一点可以通过短期的政府及社会组织以产业扶持、捐赠等方式来实现。

而对于表6.1横向时间偏好中的目光短浅、能够自制、是否习惯于花钱、遇事是否做长远打算等，需利用长期扶持方式才能见效，这一点也是其生活及发家致富观念的形成或变化，也正是文化扶持的关键所在，可通过教育、宣传、技术培训等方式，对其进行发家致富观念、理念、价值观上的加深改造，逐步让其在表6.1中实现由左向右的观念转变，实现时间不耐性由20％→5

%→1%的降低，增强其生活信心，并做长期打算。

（三）供需错位：文化扶持宣传内容目标可得性现状

扶持过程中，政府及相关部门也会不断地向农村等落后地区，通过文化宣传、文艺节目演出、慰问、送书送报等方式调整人们的生活节奏，力争改善人们困难的生活现状，辅助农村困难群体的发家致富目标尽快实现，但是其所宣传的内容及主题是不是困难群体所需要的？对于他们发家致富思想的改变是否有帮助？题材内容目标对于困难群体是否具有近期可实现性？是否能通过宣传让他们看到致富生活的希望？如果离农村困难群体现实生活太远或者是遥不可及，正如上面理论分析那样，不但起不到积极作用，反而会让他们失去致富的信心与勇气。

表6.2　政府送文化下乡活动的主要内容[①]

活动内容	频率（次）	百分比（%）	排 名
送电影	1 460	33.6	1
送戏（包括文艺节目）	880	20.3	2
农业技术培训	341	7.9	3
送书报	269	6.2	4
送文化体育器材	193	4.4	5
送信息资源网络	132	3.0	6
健身辅导	109	2.5	7
文艺辅导	100	2.3	8
其他	21	0.5	9

数据来源：武汉大学国家文化发展研究院《2016年中国农村文化建设研究报告》。

表6.2中的调查数据显示，政府文化下乡活动的主要内容排在前两位的是送电影和送戏。而农民群众对政府的文化下乡满意度普遍不高。表6.3的数据统计表明，22.2%的农民表示比较满意，37.7%的农民表示一般，不满意的农民达到31%，不满意的人群高于满意的人群。由于政府文化下乡的主要活

---

① 饶蕊，耿达. 文化扶贫的内涵、困境与进路[J]. 图书馆，2017（10）：14–17.

动方式是送电影，但是电影的题材和内容不一定符合老百姓口味。据农民反映，电影的内容要么太陈旧要么看不懂，没有针对农村特定的群体进行文化宣传，而对于留守村民等困难群体（主要是老人、妇女、困难人员等）所喜爱和需求的有助于其致富的民间题材等内容严重供给不足，有关豪华生活、大都市的浪漫爱情等内容文化宣传题材，对于致富激励来讲意义不大。从内容来看，是否能同农村困难群体现状产生共鸣？对于其发家致富是否有意义？宣传内容中的目标是否离其现实生活太远？对其致富是否有促进作用？如果内容脱节，就会如上面实验所得出的结果一样，反而会进一步加重困难人员的痛苦，增加其发家致富路上的不耐性，结果适得其反。

表6.3 居民对政府组织的文化下乡活动满意度情况[①]

满意度		频率	百分比（%）	有效百分比（%）	累积百分比
有　效	非常满意	201	4.6	4.6	4.6
	比较满意	767	17.5	17.6	22.3
	一般	1641	37.5	37.7	60.0
	不太满意	928	21.2	21.3	81.3
	很不满意	421	9.6	9.7	91.0
	说不清	390	8.9	9.0	100
	合计	4 348	99.3	100	
缺　失	系统	32	0.7		
合计		4 380	100		

数据来源：武汉大学国家文化发展研究院《2016年中国农村文化建设研究报告》。

随着城镇化的加速，农村的"空心化"现象越来越严重。不仅土地、人口出现"空心化"，而且文化也出现"空心化"。农村传统文化由于人口流失导致文化传承出现断层，政府主导的送文化下乡工程由于人口流失导致文化效益大大降低。留守农村的困难人员主要是老人、妇女、儿童，因此文化扶持要针对老人、妇女、儿童的文化偏好进行文化项目建设，在理念改变和

---

① 饶蕊，耿达. 文化扶贫的内涵、困境与进路 [J]. 图书馆，2017（10）：14-17.

认知上，增强其近期目标可得性，进而实现后期发家致富目标。

（四）扶持手段与目标选择

针对上述理论分析及扶持工作中容易出现和应避免出现的问题，结合我国扶持工作的具体情况，提出如下对策建议。

1. 金融扶持预期目标选定同步并稍微超前于困难对象，但不能超前太远

不同区域会有不同的扶持组织机构和工作人员，特别是对于直接接触困难对象的工作人员来讲，当向困难对象宣传政策、规划、前景，设计美好未来时，一定要切合困难对象实际，谈一点与当前实际情况合拍的情况，让其看到发家致富的希望就在眼前，在扶持政策的帮扶下自己再稍微加一把劲就可以实现目标。千万不能把规划设想得离实际情况太远，让其在现有条件下，看不到下步目标实现的可能性，可望而不可即。面对农村困难群体时，忌谈古代帝王宫廷生活如何之好、富豪生活如何豪华等与其极为遥远的话题。正如上述理论分析的一样，其致富预期目标可得性太远，便会失去前进动力，感到致富无望，反而适得其反，不利于其长期致富目标的实现。

2. 文化扶持宣传内容要贴近困难对象现状并起到即期引领作用

鉴于上述理论及试验的分析，在金融扶持过程中，作为对扶持工作起辅助和引导促进作用的大众文化宣传，在内容的选择上，应尽量贴近当地困难对象实际情况，让其看后能引起一定共鸣，并且通过内容的宣传，让其真正地感知宣传的内容就是自己下一步奋斗的目标，感觉这个目标自己稍微努力就可以实现，这样的文化宣传内容才能真正地引导贫困群体不断地脱离即期困难现状。

3. 制订切合实际的近期、中期、长期层次性分步式发家致富实施计划

扶持对象的致富是一个长期持续过程，不是在很短时间内就能解决的问题，因为涉及其目标一个个地逐步实现，在完成即期目标实现下一目标的过程中，在思维上会形成自己相对固化的区域性文化理念认知。所以，在制定政策或扶持方案目标时，针对不同扶持阶段制定不同的与之相对应的方案目标，而且下一步扶持目标一定是在上一目标基础上的延伸，超越上一目标但又不能超越太远，否则就会成为遥不可及、脱离实际的空谈，这样才能让扶持对象在看得见并能实现下一目标的情况下，逐步地、层次性地脱离困难现

状，并实现小康富裕的长期目标。所以，对于处于贫困临界点以下的扶持对象时，多采用金融物质扶持方式，当达到或超越贫困临界点时，多采用文化扶持方式。

4.因地制宜，通过金融扶持外力推动其尽快脱离"贫困陷阱"束缚

困难人员大多分布在农村、山区等偏远落后地区，但是在城市中也同样存在困难人员，他们在致富目标及文化认知上存在较大差异，所以扶持人员在扶持方式的选择上，应针对不同区域、群体等扶持对象，选择不同金融扶持方式。对于农村、山区等落后地区，应多宣传贴近乡村生活题材内容来引领其致富，对于城市、郊区等困难人员，应多宣传城市生活题材内容来引导其致富，使不同脆弱群体在生活经历及致富理念认知上产生共鸣，增强其致富的勇气和信心。

二、扶持与所有权激励

乡村振兴是我国整体脱贫后农村发展的又一个新阶段，是致富人员在原有基础上持续发家致富的一个新目标，加强农村产业扶持是解决农民致富的一种较为有效的手段。在乡村振兴过程中，国家通过金融、技术和政策等社会多方面扶持，帮助农村开办农村金融扶持企业[①]，让农村劳动力及其所有的资本在扶持企业中进行优化组合，通过相对较优的劳动产出实现长期致富。然而，对于扶持企业中的人员组成来讲，投入资本组合权重不同将产生不同的扶持企业内部所有权，并使人员产生不同的积极性态度，进一步影响扶持企业发展和致富有效性。

对于我国乡村企业或产业方面的学术研究，大多集中在如何加大对乡村企业或产业进行贷款投资[②]，强化金融保险、风险防范与不确定性控制[③]，引导乡村产业投资方向、强化企业规范管理[④]，优化农产品设计与产品销售渠

[①] 农村金融扶持企业：主要指乡村通过金融扶持发展起来的，帮助农民发家致富的乡村中小微企业。文中简称为扶持企业。

[②] 刘瑶瑶.农村商业银行中小企业贷款业务发展策略研究[D].济南：山东财经大学，2022.

[③] 谢文林.农村商业银行小微企业贷款现状与风险控制[J].现代企业，2022（12）：116–117.

[④] 吕卓洋，杜君楠.农村居民投资理财偏好与风险问题研究[J].农业经济，2019（9）：96–98.

道策略[1]等方面，而对金融扶持、企业家人力资本、内部资本所有权组合与激励机制对乡村企业产生的致富可行性方面的研究较少。为此，从扶持企业内部资本所有权组合出发，以扶持企业负责人和生产者的资本组合为研究对象，运用人力资本及所有权理论，分析各种可能不同资本组合模式下的金融扶持方式和跟踪监督成本，充分调动扶持企业内部人员积极性，实现扶持企业收益最大化，为我国乡村振兴下的扶持企业发展提供理论参考，就显得尤其重要。而人力资本所有权所表现出的特有的"不可抵押与激励性"特点，会对乡村扶持企业的凝聚力与效率产生较大影响。

（一）人力资本所有权及激励特点

关于人力资本相关理论及应用研究较多，并成为一个重要的研究领域，当代人力资本的标志性研究是从西奥多·舒尔兹（Theodore W.Schultz）开始的，他指出"健康、教育、经验、培训和更有效的经济核算能力等要素，已成为现代经济收入增长的重要源泉，需要把人的生产技能和生产知识看成是一种沉淀在人的大脑中的一种资本存量"[2]。相对于物质资本而言，人力资本具有其独有的所有权等特点，并延伸出特殊的不可抵押、激励与监督机制。

1.人力资本所有权的特点——不可抵押性

人力资本与其所有权具有天生不可分离的特点。从所有权角度来看，人力资本只能属于它自己的主人，与任何外人都无关。正如罗森（Rosen）所说："人力资本的所有权仅限于体现它的主人。"[3]可见，表现为人力资本的人的健康、能力、经验、知识、技能和其他能力存量的所有权只能不可分割地属于其个人载体，这个载体不但必须是人，而且必须是活生生的人，即使是奴隶主也无法将奴隶的人力资本变为己有。欧文·费雪（Irving Fisher）认为，人力资本是活生生的人（财富）所提供的一种服务，而这种服务的产权归于其主人，且不可分离与抵押，也正是这种特点才决定了其载体主人的资本价值[4]。所以，人力资本与其所有者的不可分离性决定了在扶持企业内

---

① 刘际平. 基于新型产业链的农产品营销渠道优化路径［J］. 农业经济，2022（10）：137–138.

② SCHULTZ T. Investment in Human Captical［J］. American Economic Review, 1961（51）：1–17.

③ ROSON S. The Theory of Equalizing Difference［M］. Amstondan: North–Holland1985.

④ 费雪. 资本和收入的性质［M］. 谷宏伟，卢欣，译. 北京：商务印书馆，2017：7.

部资本结构组合中，不管是扶持企业家老板，还是生产者工人，都必须通过自己这个所有者载体来发挥它的效用，而不能直接抵押给雇用企业，同时，这种不可分割性又会延伸出难以监督和工作积极性不稳定等问题，相对而言，物质资本[①]是完全可抵押的。

2. 人力资本所有者的工作弹性——激励性

人力资本不具有抵押功能，就意味着不能被企业或其他成员当成"人质"，如果其所有者违约，其他任何人都对他没有办法，在其人力载体自身不想干的情况下，更有可能成为一个孤注一掷的"赌徒"，因为对一个人力资本所有者来讲，当他的风险与收益不对称时，其内心自然就会存在失败的风险由别人承担、而成功的收益归自己所有的想法。同时，还意味着人力资本所有者可以通过"偷懒"来提高自己的效用。那么，如何保证人力资本所有者将自己的能力贡献给企业并有充分的积极性，就变成了一个问题，人力资本的不可分离性特点决定了人需要被激励。正如张维迎所说，"人力资本与其所有者的不可分离性，意味着即使是奴隶主也不能无视奴隶的积极性问题"[②]。人力资本的所有者完全控制着自身人力资本的开发与利用，如果人力资本产权束的一部分受到外界影响或侵害，所有者完全可以将相应的人力资本"关闭"起来，使这种资产就像从来都不存在一样。

为了充分调动扶持企业内部人员的工作积极性，最好是在扶持企业控制权和剩余索取权上给予调控。为此，张维迎指出：在企业家能力难以观察到的情况下，因为企业家的实际成本是个人财富的增函数，所以越是富有的人越没有积极性谎报自己的能力，反而越是贫穷的人才越有谎报自己能力的积极性。故而，让资本所有者拥有当企业家的优先权是保证真正具有企业家才能的人占据企业家岗位的重要机制。[③]

对于扶持企业内部人员组成来讲，可简单分为乡村企业家老板和生产者工人两类。他们在扶持企业中具有不同权重的人力资本或物质资本，如何合

---

① 物质资本是相对于人力资本而言的，有时称为非人力资本，是指可以和其所有者分离的资本，一般表现为实物和金融资本，如资金、土地、工具、材料、产品等固定资产类，文中多指资金。

② 张维迎. 企业理论与中国企业改革 [M]. 上海: 上海人民出版社, 2015: 107-109.

③ 张维迎. 企业理论与中国企业改革 [M]. 上海: 上海人民出版社, 2015: 110-112.

理、理性地进行资本组合，产生最大的扶持企业收益，实现乡村振兴与发展致富，也是通过人力资本激励来调动积极性的问题。

（二）农村金融扶持企业内部资本所有权组合

从扶持企业人员分工结构来看，大体可分为两类：一是负责投资生产方向等重大决策责任的乡村企业家，二是只管生产并服从于乡村企业家指挥的生产者。从他们相对应的在扶持企业内部所投入资本的构成性质及自身能力来看，分为人力资本和物质资本，内部资本组合具体见表6.4。

表6.4　金融扶持企业内部资本所有权组合

序号	乡村企业家		生产者		金融扶持	扶持企业内部性质
	人力资本	物质资本	人力资本	物质资本		
1	人力资本	物质资本	0	0	0	乡村企业家既有创业经营能力，又有创业资金，可以自己开办企业，不需要社会金融扶持
2	人力资本	0	0	0	金融扶持	乡村企业家只有创业经营能力——人力资本，没有资本积累，要想创办企业带动村民致富，必须依靠社会金融扶持
3	人力资本	0	0	物质资本	部分金融扶持	双方可以村民集资方式进行组合，具有部分资金的村民通过集资取得收益，同时还可以进入扶持企业当生产者。生产者也可以提供闲置房屋、土地、生产工具等物质资本。 同时，社会再提供贷款，实行金融扶持，弥补集资后的资金不足
4	0	0	0	0	0	双方任何能力都不具备，只能作为生产者外出或进入上述扶持企业打工

说明：1. 表中0表示不具备这方面能力，同时也没有此资本所有权；

2. 扶持企业中负责人称为乡村企业家，进入扶持企业打工的村民称为生产者；

3. 实际生活中，乡村企业家也具有部分物质资本，而作为生产者的村民也具有一定技能性人力资本，但为了分析方便，假设扶持企业中的生产者人力资本为0，只是赚取固定工资的气力提供者，不具技术含量；

4. 表中物质资本多指资金、土地、房屋

1. 乡村企业家的人力资本+物质资本

表6.4中第一种情况的资本所有权组合比较单一，经营决策的任务与风险等全部由乡村企业家承担。乡村企业家在具备自身能力素质——人力资本后，同时还具备一定经济实力的物质资本，那么在乡村能实现自己经营投资，实现创办乡村扶持企业，招聘乡村其他人员进入该扶持企业工作赚取固定工资，实现先富带动后进人员一同致富。这种情况主要表现为乡村早先的外出打工者，在外打拼多年，不仅学到了生产技术、工作经验，有了回乡创办乡村企业的想法，而且有了充足的资本积累，并立志回家乡创办乡村企业带动乡村其他人员一同致富。资料显示，截至2022年3月底，全国返乡入乡创业人数累计达到1 120多万。比2020年增加110万人，其中，70 %是返乡创业的农民工，创办项目中80 %以上是乡村一、二、三产业融合项目。而2019年、2018年返乡入乡创业人数分别为850万、520万[1]。截至2021年3月底，我国与乡村振兴相关的企业已达到4 003家，企业成立时间多集中于最近几年，其中2020年的注册量是1 039家，同比增长了26.6 %[2]。

对于这些乡村扶持企业来讲，内部资本所有权结构比较单一，人力资本和物质资本所有权都属于乡村企业家一人，盈亏及各种风险都由其自己承担，各种重大生产决策都由其自己决定，正如奈特（Frank Knight，1921）所指出的：在不确定条件下，对于企业首要的功能是决定干什么以及如何干？自信或勇于冒险者承担起风险，并保证犹豫不决者或怯懦者能得到一笔即定的收入[3]。所以，此时对乡村企业家本人的工作积极性及投资风险决策等，根本不需要其他人员内部监督，监督成本较低。

2. 乡村企业家的人力资本+社会金融扶持

表6.4中第二种情况的资本所有权较简单，经营决策由乡村企业家负责，风险由乡村企业家与社会共同承担，需对乡村企业家进行监督。乡村企业家

---

① 截至2022年3月底，全国返乡入乡创业人数累计达到1 120多万人．[EB/OL]．2022-04-27. https://www. 163. com/dy/article/H5VGKLKH0514R9KQ. html.

② 我国乡村振兴相关企业已超4 000家．[EB/OL]．2021-03-04. https://www. sohu. com/a/453991373_422199.

③ KNITHT F H. Risk, Uncertainty and Profit [M]. New York: Houghton Mifflin Company, 1964.

只具备人力资本，但是缺少创办乡村企业的资金，要想创业就需要市场给予金融扶持。这类乡村企业家一般表现为三种人：一是头脑比较灵活，具有一定创业精神和经营能力，但没有资本积累的乡村本地人。二是具有一定经营能力和经验，而没有资本积累的返乡外出务工人员或创业失败者。三是毕业回乡具有一定专业知识的创业大学生。

这类乡村企业家来讲也正是国家提供货款等金融扶持的主要对象，即所谓的"有想法没办法"，只要能得到所需的启动资金即可创办乡村企业，并带动乡村其他人员一同致富。但是对于这类人也是政府或社会后续监管的重点，原因是他们在企业中只投入了人力资本，而物质资本全是自身以外的社会融资，在这种情况下，他自身的工作积极性以及日后决策谨慎与否，会具有极大弹性，内心中可能会想"存在挣钱有自己的，而赔了是别人的或是社会的"，易出现冒险行为中的"赌徒"和"偷懒"现象，此时他显然具有乡村企业的控制权与剩余索取权，但是他所投入的人力资本具有与所有者不可分割的特性，在企业中不具有可抵押性，易把企业风险转移给其他物质资本或金融扶持投资人，因此政府需要对其扶持企业的经营和资金使用等进行及时跟踪，信息披露及时核实，以杜绝风险转移。此类现象比较普遍，即使不是扶持企业，乡村企业家贷款后申请破产的现象也证明了这一点。

图6.5　2018年8月，内蒙古兴安盟阿尔山景区内一民宿　穆玉堂 摄

近年来，随着人们生活水平的不断提高，外出旅游成为一种时尚，如此一来给了一些景点或有条件的人利用自然条件发家致富的机会，但是他们只有想法、智慧或部分特质资本，没有资金，如果有资金方面的金融扶持就可以实现人力资本与金融扶持结合，进行硬件投资改造创办民宿、农家乐等，吸引游客入住增加自己收入。图6.5是内蒙古兴安盟阿尔山景区一住户，通过5万元金融贷款扶持，将自家房屋整修成6个房间的民宿，可提供住宿、吃饭和接送站等服务，一年收入达10万元。

如今，大多数在外学到了经营创业本领，而不具备资本积累的返乡外出务工人员因害怕受到不确定性风险影响，产生不愿再外出务工的心理，在家乡就地进入本地乡村扶持企业务工，是一种较好的选择。

3. 乡村企业家的人力资本+生产者的物质资本+部分金融扶持

表6.4中第三种情况的资本所有权较复杂，经营决策由乡村企业家负责，风险由乡村企业家、生产者和社会共同承担，需对乡村企业家进行有效监督。乡村企业家仅具有人力资本，由乡村生产者提供物质资本[①]，再加上部分社会贷款融资等金融扶持（上述第二种情况的三种人，同样适用于第三种情况）。乡村中的部分人员，他们手中具有一些暂时闲置的资金、房屋、土地或生产工具等，又苦于自已没有企业家能力、魄力和挣钱的径，只能寻求投资挣钱。此两类人可以进行组合，乡村人员以集资的方式将物质资本投入乡村企业，归乡村企业家所用，创办乡村企业，而自己选择进入扶持企业当生产者或是不进入只等分红。不足的部分资金，再寻求社会贷款融资等金融扶持，完成乡村企业的创办。（详见图6.6）

图6.6　浙江省绍兴市诸暨市店口镇 铜管制作（左）诸暨市山下湖村 人工珍珠养殖（右）

沈芯妃 摄

---

① 生产者参与乡村企业的物质资本,可表现为土地、房屋、资金等,但是表现为资金的较多,即把自家积攒的或多或少的储蓄拿出来,集资投入乡村企业中去赚取利息或分红。

这种方式的问题是，乡村企业家由于只出人力资本，物质资本是别人的（一部分是生产者投入的，另一部分是社会金融扶持融资），同样涉及积极性激励与防范风险转移问题。对于此类乡村企业家的监督，最好的方式就是出资人进入扶持企业作为生产者，既可以在生产中挣取固定工资，还可以对乡村企业家进行日常监督，监督其工作积极性及投资决策动向等，在真实的农村产业中，这种乡村扶持企业合作方式是占大多数的，如农民用房屋、土地和闲置的资金入股。近几年出现的土地流转[①]、房屋租用就是一种很好的生产者以物质资本参与乡村扶持企业投资的方式，实现了双方优化组合。

4. 乡村企业家无人力资本+生产者无物质资本

表6.4中第四种情况的资本所有权不存在，名义上的乡村企业家既无人力资本又无物质资本，同时生产者也没有任何物质资本可投入。此时，名义上的乡村企业家已不具备企业家的能力和素质，无法举起创业的大旗。而此时生产者没有物质资本，双方都只能作为生产者出卖自身劳动力，外出打工或是寻找上述三种情况中的任何一种乡村扶持企业赚取固定工资，而不承担任何风险，社会也没有必要给予贷款等金融扶持。正如张维迎所说，"既有能力又有财产且低风险规避态度的人将成为企业家，既无能力又无财产且高风险规避态度的人将成为工人"[②]。

此类情形主要表现为在偏远乡村，年轻人都外出打工了，而留下来的是没有创业想法和能力的老弱病残小等，仅靠家中外出打工人员寄回来的钱维持生活，根本没有多余闲置的资金，即使有也无处可投。所以，这部分人属于国家重点给予式金融扶持对象，因为他们不具有生产和增值赚钱的能力和机会。

（三）金融扶持与激励关系

上文从扶持企业内部资本组合所有权角度，对扶持企业进行分析，对于扶持企业内部不同资本所有权组合来讲，将具有不同的企业经营风险，也产生不同激励和监督方式，也会产生不同的致富带动效应。对于在乡村振兴阶段

---

① 土地流转后的农民，可以进入使用土地的乡村企业中当一名生产者，在赚取土地分红的同时，挣取固定工资，同时还可以监督乡村企业家经营方向、投资动向等

② 张维迎.企业的企业家：契约理论［M］.上海人民出版社，2015：61.

通过乡村扶持企业，实现乡村先富带动后富或是共同富裕，应注意以下几点。

1. 鼓励既有能力又有资本的乡村企业家就地创业或是外出打工人员回家创业

这是上述4种方式中最好、最有效、成本最低的一种，因为对于乡村扶持企业来讲，能实现人力资本和物质资本的合二为一，在经营生产及投资决策上，不用社会及他人进行专门监督，更不用外界进行激励，还易于调动乡村企业家自身的工作积极性，也不会出现风险故意转移的情况，实现"不用扬鞭自奋蹄"的效果。

2. 金融扶持对象重点是具有人力资本而无物质资本的乡村企业家

乡村中具有一定乡村企业家能力，且想大胆创业的人不在少数，可是缺乏物质资本却成为阻止其创业的障碍，致使其有本事无处施展，有抱负无法实现。所以，社会应对这些人进行重点金融扶持，弥补其物质资本不足的缺陷，帮助其实现乡村企业家的梦想，带动乡村其他人员共同致富。

3. 物质资本所有者对乡村企业家进行自发监督

正如周其仁所说：人力资本与其所有者不可分离的特性决定了人力资本天然属于个人，人力资本的运用可"激励"而无法"压榨"[1]。乡村扶持企业生存与发展效益的好坏取决于乡村企业家，其责任心和积极性将成为关键。于是，通过扶持企业控制权和剩余索取权让渡给乡村企业家，而投资生产者只能得到约定的固定收益，来激励调动乡村企业家的工作积极性。同时，通过乡村扶持企业内部的生产者，在工作中及时跟踪资本动向或对乡村企业家进行监督，以保证不出现风险转移的情况。

4. 鼓励一无所有的乡村人员进入乡村扶持企业工作

对于乡村一无所有而有一定劳动力能力的人员来讲，易产生"习惯性无助"或"宿命论"等听天由命的不思进取想法，可通过政府发家致富宣传、富裕人员比对等方式，鼓励他们进入上述当地乡村扶持企业工作或是外出打工，用自己的劳动赚取固定收入，并在自食其力的打工过程中，找到生活自信心和创业灵感，为日后发展创业打下基础。

---

[1] 周其仁.市场里的企业：一个人力资本与非人力资本的特别合约[J].经济研究,1996(6)：71-80.

第七章　我国金融扶持与文化扶持存在的问题

一、我国金融扶持存在的问题

改革开放以来，中国金融扶持工作取得了极大的实效，但是也表现出不少问题，特别是到了后期的乡村振兴阶段，在处理好金融扶持与文化扶持的关系，并在不同阶段应用时，有许多实践需要我们去反思。

（一）政府主导模式效果显著，但政策供给与需求难以兼顾

客观而言，政府主导的模式减小了新旧政策更迭所带来的摩擦阻力，缩短了政策演进时滞，减少了政策演进成本。但是这种自上而下的强制性制度变迁，实质上并未脱离计划金融的桎梏，原本应随困难群体意愿和实际金融需求而创新的诱致性制度变迁路径被严重阻塞，产生金融扶持政策供给和需求的错位，导致金融扶持供给明显滞后于金融扶持需求。加之需扶持地区经济发展落后、困难户收入水平相对较低，在政策供给支持不足的情况下，商业性金融机构在落后地区开展业务依然举步维艰①。因此，政府主导的金融扶持政策制定模式并非最优模式，应以落后地区金融市场需求为导向，政府发挥调控引导作用，促进"无形的手"与"有形的手"有机结合，以提高金融扶持政策的适用性、有效性与包容性。

---

① 为了扶持农村产业经济发展，政府专门于2019年9月16日全面下调金融机构存款准备金率0.5个百分点，释放资金9 000亿元（其中全面降准释放资金8 000亿元，定向降准释放资金1 000亿元），这1 000亿也是专指扶持中小企业，主要针对扶持货款。除此之外，为促进加大对小微、民营企业的支持力度，再额外对仅在省级行政区域内经营的城商行定向下调存款准备金率1个百分点，于当年10月15日和11月15日分两次实施到位，每次下调0.5个百分点。而2019年5月份，央行决定将服务县城的农村商业银行人民币存款准备金率降至农村信用社档次。

（二）金融扶持政策不断完善，但政策全局性规划略显不足

整体而言，这些改革和创新举措的实施是建立在我国金融扶持现实基础之上的，是一个不断探索、改进与完善的过程，一定程度上实现了金融扶持机构的多元化、金融扶持方式的多样化和金融扶持协调机制的精准化。但我国金融扶持政策的渐进式探索过程也具有明显不足，表现为较强的不确定性和易变性，长远规划略显不足，甚至存在相关政策前后矛盾、反复的状况。这就是金融扶持政策开始实行以来，一些改革措施无法实施或者是未达到预期效果的重要原因之一，造成了较高的改革非预期成本。实际上，中国金融扶持政策的沿革必须基于全局性和前瞻性的战略考量，紧紧围绕服务贫困群体这一根本目标，着眼全局、找准重点、攻克难点，以促进金融扶持政策之间的相互协调与配合。

（三）委托—代理形式适应性强，但政策推进与落实屡现异化

金融扶持政策推进的委托—代理形式，为地方政府与扶持金融机构提供了政策调整空间，有利于金融扶持政策落地。但也由于金融扶持政策在末端推进时存在调整空间，部分政策执行者为了谋求本地区、本部门利益或基于个人利益最大化的考虑，在政策的"再制定"过程中变通、虚假执行中央政策，致使"上有政策、下有对策""有利就执行、无利就变形"等现象屡见不鲜，违背了金融扶持政策的初衷，导致金融扶持政策"最后一公里"问题的产生。然而，金融扶持政策又缺少追责机制，政策强制性较弱。纵观各阶段金融扶持政策文件，绝大多数未对因金融扶持政策执行不力而导致金融扶持效率低下的行为做出责任认定及追究的规定，表现为文件中不乏"要""必须""应当"等政策执行约束字眼，却缺乏相配套的问责制度设计，导致金融扶持政策存在较为严重的异化问题，委托—代理关系失效。

（四）"自我造血"功能优化明显，但脆弱家庭可行能力问题突出

金融扶持政策通过运用金融手段支持脆弱家庭创业，帮助脆弱家庭防范风险、营造良好致富环境，显著增强了脆弱家庭"自我造血"功能。但当我国扶持工作进入"深水区"后，金融扶持政策实施难度呈递增之势。我国困难群体多为老、弱、病、残、懒等困难程度较深的脆弱家庭户，可行能力不足的问题突出。其困难主体性不足、困难主动性不强、发家致富素质不佳

的缺"志"少"志"问题，成为我国金融扶持实践面临的一大困难，具体表现为对于扶持贷款"不敢贷、不愿贷、不懂贷"等，导致金融扶持资金出现"没人贷，贷不出"的现象。虽有部分地区为缓解扶持贷款使用效率低下的问题，实行"分贷统还"的扶持信贷模式，将脆弱家庭扶持贷款统一归集到专业合作社等新型农业经营主体，由专业合作社等统一使用并统一归还，农户则获得专业合作社分红。但"分贷统还"这一模式常由当地政府包办，脆弱家庭实际上缺乏真正的贷款意愿和还贷能力，往往只是"被贷款"。实质上，此类金融扶持模式并未激发农户"自我造血"的潜能，而是变相的"输血式"扶持，产业项目对脆弱家庭的带动具有间接性，一旦扶持政策退出，极易出现脆弱家庭返贫的现象，导致金融扶持政策促进脆弱家庭"自我造血"的效果弱化。

（五）国家专项扶持资金仍然不足，还需地方及组织后续不断加大投入

国家于2020年底已经实现打赢脱贫攻坚战这一宏伟目标，但以后的巩固拓展成果及促使乡村家庭进一步发家致富，仍需要大量不断的资金投入。尽管近些年中央财政投入的扶持资金总量持续增加（见表7.1、图7.1），但与实际的需求相比还有较大差距。对于金融给予式扶持来讲，要想让脆弱群体尽快脱离"贫困陷阱"的束缚，资金愈益成为制约巩固拓展成果与进一步发家致富的重要因素。

表7.1　中央财政扶持专项经费投入表

年份	2006年	2007年	2008年	2009年	2010年	2011年	2012年	2013年
金额（亿元）	138.5	158.9	169.3	203.1	212.4	272	332	394
增长率（%）		0.147	0.065	0.1 996	0.046	0.281	0.221	0.187
年份	2014年	2015年	2016年	2017年	2018年	2019年	2020年	
金额（亿元）	433	460.9	667	861	1 060	1 261	351	
增长率（%）	0.099	0.064	0.447	0.291	0.231	0.19		

数据来源：根据国家统计局网站整理。

在后期的乡村振兴阶段，在以文化扶持为主的情况下，仍需持续不断地进行金融扶持。从实践情况看，截至2019年末，全国农村贫困人口约551万人，若以每投入2万元解决一个农村贫困人口的脱贫问题来测算，我国现行标准下农村贫困人口脱贫需要投入1 112亿元资金，而2019年度中央财政扶持经费投入1 261亿元，几乎已经能够涵盖，但是越到最后脱贫难度越大，平均每人所需脱贫经费等各方面投入更大。从目前财政资金投入情况来看仍存在较大缺口，因此亟须金融扶持协同发力，充分发挥金融杠杆作用。

从各省、自治区、直辖市贫困人员分布及扶持经费投入来看，大多数贫困人员都处在中、西部等贫困落后地区，而且这些地区本来经济就落后，当地很难拿出专项扶持资金补入扶持中，会导致余下来的用于脱贫的经费更少，使扶持工作后劲不足而难度增大。

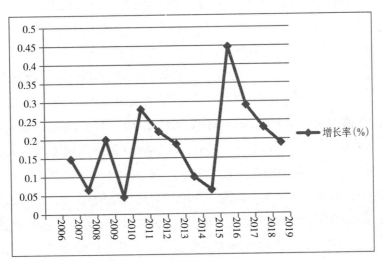

图 7.1　中央财政扶持经费增长率

二、我国文化扶持存在的问题

我国农村地区文化扶持面临的实践困境主要表现在以下几个方面。

（一）文化扶持认识不够到位

文化扶持涉及思想理念、生活方式、价值取向等观念层面的东西，是一个"价值理性"优先于"工具理性"的过程，是以教育为主要方式来改变文化理念的过程。与其他形式的扶持相比，文化扶持具有长期性、效果迟缓性和价值的隐藏性等特征，帮扶效果在短期内难以看到，且在发展致富摘帽考核指标中涉及文化方面的内容并不多，因此无论是帮扶单位还是地方政府，都存在对文化扶持的重要性认识不足的问题。一些地方在推进精准扶持工作中为了完成帮扶任务，往往将扶持工作重心和资源更多地聚焦在区域经济发展、基础设施建设等能够凸显"政绩"的扶持领域，如帮贫困地区修路和建设村委办公楼、资助脆弱家庭发展种植养殖产业、资助脆弱家庭学生上学等，而对于文化扶持方面的关注不够，忽视了文化扶持的价值功能。往往仅仅将文化扶持简单理解为向落后乡村捐赠图书，有的甚至将一些旧书籍和过刊捐赠到落后乡村，这样的文化扶持思维已经不适用于扶持开发工作。

新中国刚成立时，针对全国人民特别是农村人民文化水平低、认识问题不足等问题，制定了一系列的文化宣传方式，力图通过这种宣传方式提高贫困群体的认知水平。党中央于1957年公布的《一九五六年到一九六七年全国农业发展纲要》规定："从一九五六年起，按照各地情况，分别在七年或者十二年内，基本上普及农村广播网。要求大部分农业、林业、渔业、牧业、盐业和手工业的生产合作社都能收听广播"。到1957年底，县级广播站从1949年的11座增至1 698座，广播喇叭从1949年的99只增加到94.12万只，全国农村有线广播事业有了长足的发展[1]；到1965年底，县级以上群众文化机构数达到2 660个，乡镇（街道）文化站达到2 125个，公共图书馆数达到562个，博物馆数达到214个，艺术表演场馆数达到2 943个，艺术表演团体3 458个[2]。1951年5月，政务院发布《关于戏曲改革工作的指示》，发出"改戏、改人、改制"的号召，明确规定将旧戏曲改造为以新民主主义和爱国主义教育人民的民族戏曲艺术。1953年政务院通过了《关于建立电影放映网与电影工业的决定》等文件，确定了发展电影事业的方针，重视农村地区的电影放映工作，鼓励制作适合农村的通俗故事片。到了1955年，全国电影放映队已增加到了2 300多个，其中大部分活跃在农村，在农村新的文化生活方式建构中发挥着引领作用。

---

[1] 欧阳雪梅. 中华人民共和国文化史（1949—2012）[M]. 北京: 当代中国出版社, 2016: 26.

[2] 中华人民共和国文化部. 中国文化文物统计年鉴（2014）[M]. 北京: 国家图书馆出版社, 2014: 15.

2015年1月，中共中央办公厅、国务院办公厅印发《关于加快构建现代公共文化服务体系的意见》，提出要按照精准扶持的要求，以广播电视服务网络、数字文化服务、乡土人才培养、流动文化服务、农村留守妇女儿童文化帮扶等为重点，集中实施一批文化扶持项目，推动革命老区、民族地区、边疆地区、贫困地区公共文化建设实现跨越式发展。中共中央、国务院2018年9月发布的《乡村振兴战略规划（2018—2022年）》在坚决打赢精准脱贫攻坚战部分提出要注重扶志扶智，引导贫困群众克服"等靠要"思想，逐步消除精神贫困。2016年8月，原国家旅游局等部委在全国梳理了2.26万个具备旅游开发条件的贫困村，制定了《乡村旅游扶贫工程行动方案》，力争在"十三五"期间通过发展乡村旅游带动全国25个省（区、市）、2.26万个建档立卡贫困村、230万贫困户、747万贫困人口实现脱贫。2018年7月，中华人民共和国文化和旅游部、国务院扶持办首批确定了四川省凉山彝族自治州等10个"非遗+扶持"重点地区，支持设立非遗扶持就业工坊，通过弘扬传统工艺带动贫困地区群众就近就业、居家就业。2018年12月，中华人民共和国文化和旅游部、国务院扶贫办、中国农业发展银行将57个项目列入全国金融支持旅游扶持重点项目。

仅仅通过宣传等方式只是一种手段，在初期可能会效果明显，但是从长期来看，还是应加大教育投资改变文化认知，通过教育方式改变脆弱群体内心对于落后问题的认识。

（二）公共文化供给与需求对接错位

文化扶持的主要对象是基层群众，由于他们接受教育的程度不一样，生活方式不同，对于公共文化的需求也有许多不同，只有分类施策才能达到帮扶效果。但一些地方政府及帮扶单位在精准扶持过程中对落后地区群众的公共文化需求没有摸清楚，对哪些地方需要建文体活动场所、哪些地方需要增加文化娱乐设施设备、群众最期望开展什么样的文化活动、哪些文化资源可开发利用等缺乏深入了解，没有向基层群众多宣传一些引导其发家致富、改变理念的影视作品等，因此在文化扶持工作中难以做到精准施策、精准供给。

我国主要通过文化站进行乡村文化传播，但是文化站数量较少且传播质

量不高，随着人们对于致富的追求，近几年反而有减少趋势。详见表7.2、图
7.2。

表 7.2　我国乡镇文化站情况表

年份	2016年	2017年	2018年	2019年	2020年	2021年
个数（个）	34 240	33 997	33 858	33 530	32 825	32 524

资料来源：国家统计局。

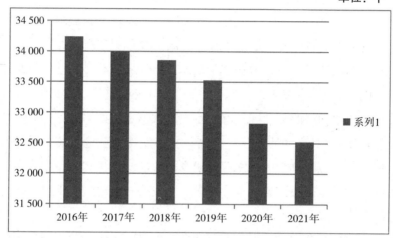

图 7.2　我国乡镇文化站情况图

（三）文化扶持方式不够精准

以往扶持开发工作中，各级各部门都加大了农村地区公共文化建设方面
的投入，给群众送去公共文化服务和产品。但是这种公共文化服务供给大都
是自上而下的"大水漫灌"粗放式扶持，输送的文化服务和产品不接地气，
没有考虑村民的需求精准投放，难免出现供需错位问题，致使公共文化服务
能效低、效果差。比如，一些帮扶单位为贫困地区捐赠了不少图书杂志及
光盘等资源，但大多闲置在那里，很少有人来翻阅，资源利用率较低。还有
一些地方文化部门开展的送电影下乡活动，由于电影题材、放映环境、农村
"空心化"等因素影响，在一些地方到场观看的群众极少，观影率不高，甚
至出现观看电影的人没有放电影的人多的尴尬局面。而留守村民（主要是老
人和妇女）所喜爱和需求的地方戏、民间节庆活动、文体器材、健身辅导等

内容严重供给不足[①]。如果文化扶持只是流于形式而没有实效，这样的帮扶不仅浪费了大量扶持资金，而且还影响了文化扶持目的的实现。

（四）以教育投入推动文化扶持的长远设计不足

我国扶持工作于2020年底已实现全部第一步目标，从理论分析出发，只是完成了让脆弱群体达到"贫困临界点"，暂时性地脱离"贫困陷阱"，但长期来看仍然存在后期返贫的问题，为了巩固与拓展前期金融扶持的成果，让其长期处于发展致富状态，需在前期金融扶持过程中就同步加大教育投入促进文化改变，并在扶持后期发挥作用。但是，前期同步的文化教育投入并不理想。我国当前通过教育投入推动文化扶持的方式，可以通过省际间高考招生人数与报考人数及人口占比变相表示出来，详见表7.3、图7.3。

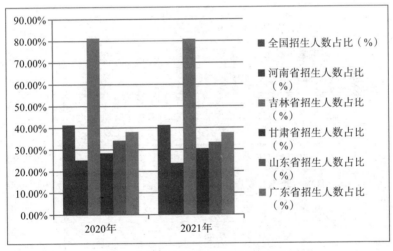

图7.3　全国及区域性5省高考招生统计图

---

① 饶蕊, 耿达. 文化扶贫的内涵、困境与进路[J]. 图书馆, 2017（10）: 13-17.

表7.3　全国及区域性5省高考招生统计表

区域	分类	2020年	2021年
全国	全国招生人数（万人）	443	444.59
	全国报名人数（万人）	1 071	1 078
	全国总人口数（万人）	140 927	141 178
	全国招生人数占比（%）	41.36	41.24
河南省	河南省招生人数（万人）	29.28	29.72
	河南省报名人数（万人）	116	125
	河南省总人口数（万人）	9 936	9 936
	河南省招生人数占比（%）	25.24	23.78
吉林省	吉林省招生人数（万人）	12.2	12.14
	吉林省报名人数（万人）	15	15
	吉林省总人口数（万人）	2 407	2 407
	吉林省招生人数占比（%）	81.33	80.93
甘肃省	甘肃省招生人数（万人）	7.4	7.61
	甘肃省报名人数（万人）	26	25
	甘肃省总人口数（万人）	2 502	2 502
	甘肃省招生人数占比（%）	28.46	30.44
山东省	山东省招生人数（万人）	26.67	26.65
	山东省报名人数（万人）	78	80
	山东省总人口数（万人）	10 152	10 152
	山东省招生人数占比（%）	34.19	33.31
广东省	广东省招生人数（万人）	29.7	29.37
	广东省报名人数（万人）	78	78
	广东省总人口数（万人）	12 601	12 601
	广东省招生人数占比（%）	38.08	37.65

资料来源：根据中国教育网及阳光招生网整理。

说明：表中招生人数为本科人数。占比也为本科与招生人数占比。

从上述表7.3、图7.3可以看出，全国2020年、2021年本科平均录取率为41 %，但是在5个区域中只有吉林省高于平均水平达到81 %，这是因为吉林省高校比较多，本地招生人数较多，而其他几个省份则都处于全国平均录取率以下，河南省与甘肃省相比之下比率较小，2021年分别为23.78 %、30.44 %，同时在前期扶贫过程中，这两个省份贫困程度较高，脱贫难度较大，也从侧面反映出这两个省份教育投入不足，从而导致群众文化整体程度提升不够，区域性思想观念改进困难。有部分人员毕业后不再回省就业，反而选择去北上广深，从而进一步挖空相对落后区域的文化教育。

中华人民共和国成立初期，美国记者埃德加·斯诺（Edgar Snow）通过对中国长期的观察和研究认为，在中国农村"除了少数地主、官吏、商人几乎没有人识字。文盲几乎达95 %左右。在文化上，这是地球上最黑暗的一个角落"[1]。绝大多数人不识字，成为构建"新文化"的首要障碍，"从百分之八十的人口中扫除文盲，是新中国的一项重要工作"[2]，也是一次战略性的文化扶持工程。为此，国家加大扫盲力度，到1964年，全国文盲半文盲占总人口的比例下降到38 %，比1949年的80 %占比减少了42 个百分点[3]。成绩突出，效果明显。

（五）基层文化人才缺乏

文化人才资源是开展文化扶持工作的重要保障。农村地区公共文化人才较缺乏，成为制约文化扶持工作开展的瓶颈。据统计，2015 年农村地区文化站没有专职人员的占28.1 %，没有在编人员的占30.7 %，没有专业技术人员的占64.6 %[4]，基层文化人才缺编缺人现象突出。乡镇文化干部"在编不在岗、专干不专用"现象也普遍存在，有的乡镇文化站有专职文化干部，但往往是身兼数职，根本难以专注农村公共文化建设工作。而且随着城镇化的不断发展，使得很多有知识、有经验的中青年人才流入城市中，农村"空心化"问题日益突出，留在基层的这部分人难以承担公共文化建设重任。此

---

① 斯诺.西行漫记 [M].董乐山，译.北京：解放军文艺出版社，2002：188.
② 毛泽东.毛泽东选集（第三卷）［M］.北京：人民出版社，1991：1083.
③ 本书编写组.中国共产党与中国先进文化 [M].北京：中共中央党校出版社，2001：57–58.
④ 韩必省.加快贫困地区公共文化建设助力脱贫攻坚 [N].团结报，2017– 9– 4.

外，一些农村民间文化艺人、非物质文化遗产的传承人由于缺乏专业艺术指导和资金支持，无法正常开展文化活动，甚至还面临着后继无人的尴尬境地。

对于一个区域的文化人才多少及丰富与否，可通过专任教师与人口占比变相表示出来。下面以全国和东北三省专任教师人数与人口占比，分析对比区域性文化教育程度。详见表7.4、图7.4。

表7.4　2017年—2021年全国、东北三省专任教师及占比统计表

	2021年	2020年	2019年	2018年	2017年
全国专任教师数（万人）	1 844	1 794	1 733	1 674	1 628
全国总人口（万人）	141 260	141 212	141 008	140 541	140 011
全国专任教师数占总人口的比率	1.31 %	1.27 %	1.23 %	1.19 %	1.16 %
吉林省专任教师数（万人）	26.19	26.16	25.88	25.86	25.81
吉林省总人口（万人）	2 375	2 399	2 448	2 484	2 526
吉林省专任教师占总人口的比率	1.10 %	1.09 %	1.06 %	1.04 %	1.02 %
辽宁省专任教师数（万人）	37.87	32.89	37.39	37.22	37.68
辽宁省总人口（万人）	4 229	4 255	4 277	4 291	4 312
辽宁省专任教师数占总人口的比率	0.90 %	0.77 %	0.87 %	0.87 %	0.87 %
黑龙江省专任教师数（万人）	29.40	24.89	29.99	30.37	30.89
黑龙江省总人口（万人）	3 125	3 171	3 255	3 327	3 399
黑龙江省专任教师数占总人口的比率	0.94 %	0.79 %	0.92 %	0.91 %	0.91 %

数据来源：根据中国统计年鉴整理。

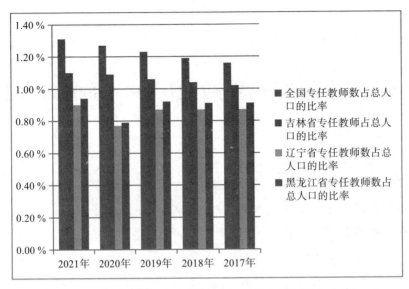

图7.4　2017年—2021年全国及东北三省专职教师及人口占比

从表7.4、图7.4可以看出，2017年到2021年间，东北三省专任教师与省人口占比普遍低于全国水平，吉林省占比相对来讲最高，但仍与全国水平差距较大，全国2017年到2021年分别是1.16%、1.19%、1.23%、1.27%、1.31%，吉林省分别是1.02%、1.04%、1.06%、1.09%、1.10%，辽宁省的这一比率更低。从区域性专任教师与人口占比可以看出，发展致富路上需要进一步加大文化教育扶持力度，力争通过文化教育方式改变区域性人员思想观念，从而实现长期发家致富。

第八章　我国金融扶持与文化扶持工作的对策与建议

我国改革开放以来，特别是党的十八大以来，金融扶持、文化扶持都收到了极佳效果，不仅改善了中国的发展致富现状、改善了人们的生活水平，同时也为世界发展致富工作做出了贡献。为更好地加大扶持力度，巩固扶持成果，结合我国扶持工作实际情况，特提出如下对策建议。

一、构建普惠型金融扶持模式，实现精准金融扶持对接

解决金融扶持政策供给与政策需求错位的关键，是在兼顾扶持政策的普惠性的前提下，构建由市场主导、政府引导的金融扶持模式。一要强调"市场机制"下减贫，而非"行政机制"下减贫。政府应注重金融扶持与市场经济相融合，建立贫困户、金融机构与政府间的沟通平台，结合贫困户与金融机构实际推行差异化金融扶持政策，并鼓励金融产品创新，以提高金融扶持政策的覆盖面。同时，政府不宜出于传统政绩观而一味追求发展致富的速度，更不应违背市场规律而设定发展致富时间表，而应发挥自身的引导与监督作用，确保金融创新合理合规、金融扶持政策精准落地。二要强调"症结"减贫，而非"症状"减贫。金融扶持应注重处理贫困"症状"与"症结"的关系，不宜简单地向所有贫困人口提供贷款，而应以贫困人口的有效金融需求和发展致富能力为基础。政府应深入分析贫困的根源与金融需求，科学引导合适的金融扶持机构参与扶持，因地制宜，确保金融扶持效率得到切实提高。

金融扶持的有效性离不开审慎金融监管体制，以兼顾公平、效率与安全多重目标。一要实施差异化监管政策。指导银行业金融机构按照单列信贷

资源、单设扶持专营部门、单独考核贫困地区乡镇金融机构服务覆盖率和网点覆盖率，提高扶持金融网点的不良贷款比率风险容忍度，放宽贫困地区设立服务网点和扶持金融分支机构的准入政策，完善尽职免责的制度安排，在有效保证股东利益的前提下，提高扶持金融机构呆账核销效率。二要健全金融扶持政策，落实考核机制。厘清政策执行各方工作责任，切实发挥其组织引导作用，建立信息共享、统筹协调机制，确保各方为民服务、受民监督；人民银行对各地、各金融机构金融扶持工作进展情况进行动态跟踪和统计监测，并实现信息共享与公开，为政策实施效果评估提供数据支撑。三要开展专项评估工作。定期对发展致富工作的进展与成效进行专项评估，并将扶持金融机构评估结果纳入各级金融管理部门的监管评价框架，作为银行间市场管理、货币政策工具使用、实施差异化监管的依据，以调动金融机构参与扶持的积极性，防止扶持金融机构偏离扶持目标，保证农村金融市场的公平性、有效性和安全性。

二、文化扶持要与教育扶持相结合，实施教育观念扶持

2014 年，边晓红课题组对西部4个贫困县中具有代表性的行政村的调研表明，农村居民教育结构与贫困地区图书馆发展研究消费结构、信息形式结构、信息内容结构高度关联。以宁夏西吉县玉丰村为例，在613 位受访村民中，文盲、小学学历、初中学历、高中学历、大学学历分别为218 人、224人、121 人、31人和8 人，人均每天构建性闲暇分别为0.45 h、3.08 h、3.93 h、5.16 h和6.75 h，信息形式结构中首选文字媒介的分别为0 %、16.07 %、20.16 %、26 %和50 %。文化程度越高，人均每天"构建性闲暇"消费时间越长，首选文字媒介的比例越高；文化程度越低，人均每天"消解性闲暇"消费时间越长，首选语言媒介的比例越高。这表明受教育程度与文化需求的关系很密切，"教育扶持"是"文化扶持"的基础。

我国农村贫困人员的一个共同特征就是文化素质普遍不高（肖金成等，

2005）[①]，儿童的辍学率相对较高，在中、西部山区尤其严重。例如，贵州是我国贫困程度最深的一个省，其人口文盲比例高达12.9 %，比全国平均水平高了6.74 个百分点（程联涛，2014）[②]。较低的文化素质制约着贫困人员自身发展的能力，较高的辍学率可能导致贫困的代际传递，这都大大增加了扶持减贫的难度。我国广大的农村地区存在这么多的贫困人口，与他们的观念陈旧保守，没有受到现代文明的熏陶有着很大的关系。例如，有很多农民认为接受教育没有多少用处，有的农民难舍故土，宁愿忍饥挨饿也不愿意进城打工而增加收入，等等。这都需要通过宣传活动，为他们提供更多的外界信息，让现代文明辐射到他们，逐渐转变他们的观念，从而发挥他们自身的主观能动性，与扶持政策相结合，帮助他们早日脱贫致富。要转变他们的观念，实施教育扶持是必要的，也是影响最为深远的。一方面，要对文化素质较低的青壮年劳动力进行技能培训，让他们有一技之长，增强他们参与市场竞争的能力；另一方面，要为贫困家庭的未成年子女提供受教育的机会，保证他们完成九年义务教育，提高他们的文化素质，增强他们走进社会后的生存能力。此外，要号召社会人士、企业团体参与到教育扶持的行动中来。

三、提高文化扶持认识，培育正确的价值观念

20世纪80 年代中期以来，我国开始在贫困地区实施大规模扶持开发工作，通过资金、物质方式扶持贫困地区基础设施建设、产业发展，极大地改变了贫困地区落后的发展面貌。总体上看，这些帮扶属于物质经济上的扶持，是以改善贫困地区生产生活条件为目的的，虽然能起到"立竿见影"的效果，但难以解决长远性、根本性的问题，因为贫困不仅表现在物质经济方面，其背后隐藏着的文化贫困才是根源。因此，今后精准扶持工作中各级政府及各帮扶单位要转变扶持思想观念，推动经济型扶持向综合（经济、教育、文化）型扶持转变，进一步提高人们对文化扶持的认识，加强对贫困地

---

① 肖金成，孙宝臣. 对当前反贫困政策的反思［J］. 经济学动态, 2005（10）：47–49.

② 程联涛. 我国贫困地区区域特征及扶贫对策［J］. 贵州社会科学, 2014（10）：114–117.

区公共文化建设的组织领导，将文化扶持纳入精准扶持工作目标体系中，按照群众精神文化需求制定相应的帮扶发展致富措施，加大文化扶持方面的资金投入，补齐贫困地区在文化基础设施、资源等方面的短板，促进贫困地区公共文化服务体系越来越完善。通过文化扶持向贫困地区的群众灌输新的文化、知识和价值理念，传授实用的技能，从整体上提高贫困群众的综合素质，激发其内生的发展动力，从而实现真正意义上发展致富。

将贫困地区的贫困问题归结于群众文化素质低下、观念落后、没有发展意识，已经是一种普遍看法。所以，文化扶持就不仅要消除落后的思想观念，还要向广大群众传播新思想、新观念，用现代的价值观念替代原有落后的思想观念[①]。当然，现代价值观念的元素很多，最基本的元素包括勤劳、朴实、创新、进取、务实等。"勤劳、朴实、务实"是中华民族的优良传统美德，是中国传统精神的高度凝练与生动表达；"创新、进取"是全球现代化背景下时代发展对人们的迫切要求，彰显了时代精神，是破解贫困地区"勤劳而不富"命题的最佳选择。所以，只有全面培育出勤劳、朴实、创新、进取、务实的新时代价值理念，才能引导人们树立正确的世界观、人生观、价值观，才能通过树立崇高的理想凝聚力量、坚定自信，也才会在具体的工作岗位上激发出个人潜能，更好地引导当地民众在思想意识与精神素养方面向积极健康的价值维度转化，塑造出民众的现代文明意识，使这种意识成为流淌在民众血脉中的一种品格和基因，为实现贫困地区跨越式发展发挥作用。

四、提高文化扶持工作精准度，加强基层文化队伍建设

农村公共文化服务供给的主要目的是使农村居民受惠，农村居民的满意度是供给效果非常重要的评价指标，不管投入多少人力、物力和财力，如果得不到作为供给对象的农村居民的认可，这种投入的意义也是非常有限的。

---

① 王建民. 扶贫开发与少数民族文化——以少数民族主体性讨论为核心[J]. 民族研究, 2012（3）：46–54.

因此，文化扶持措施不能"一刀切"，不能单纯简化为"送文化下乡"的方式，必须针对贫困地区不同区域、不同年龄层次、不同文化程度、不同群体的多元化需求进行分类梳理，制订个性化、精准化的文化帮扶计划，集中力量提供有针对性并能切实满足当地文化需要的优质文化基础设施、资源、产品及服务，不断提升公共文化服务效能。把公共文化服务的选择权交给群众，探索建立群众"按需点单、以需定供"的互动式、菜单式公共文化服务供给方式，进一步提高公共文化服务效能，为贫困村带去源源不断的文化滋养。充分利用现代科技成果和数字化手段，丰富公共文化服务内容，让贫困地区的群众能享受到内容优质、形式现代的公共文化服务。进一步创新基层公共文化服务供给模式，推动公共文化服务供给由"政府主导"模式转向"政府主导、社会参与"模式，通过政府购买、票价补贴等方式，鼓励和支持各类经营性文化设施、文化活动场所、艺术表演团体、电影企业等社会力量为贫困地区提供各种公益性文化服务，满足群众多元化精神文化需求。同时，还应当建立公共文化服务评价和反馈机制，通过实地走访、电话、微信等形式来了解群众对文化扶持工作的建议和意见，促进公共文化服务供需有效对接，把适应群众需求的公共文化服务送到基层，让农村群众共享文化发展成果。

文化扶持不能仅靠政府单方面地文化传输，还要因地制宜，发挥贫困地区群众的主体作用，充分调动他们的积极性，构建公共文化内生机制。一方面，要进一步强化乡镇文化站文化队伍建设，培养一支立足基层、融入群众的专职乡村文化队伍，明确工作职责，为文艺队开展丰富多彩的文体活动提供稳定的经费保障，丰富贫困地区群众的精神文化生活。另一方面，加强农村文化人才队伍培训，文化部门可根据群众需求和工作需要开设各种文化文艺培训班、辅导班，重点对贫困地区文化管理员和业余文化骨干进行系统培训，提升基层文化人才业务素质，通过他们的带动作用形成一支人员比较稳定、经常开展活动的群众文艺团队。建立文化结对帮扶工作机制，选派或招募一批文化工作者到贫困地区开展文化服务，为贫困地区培养一批活动组织策划、非物质文化遗产传承和其他文艺专长人才，变"送文化"为"种文化"，使文化的种子在贫困地区落地生根、开花结果①。此外，还应当进一步加大对农村文化能人、民间文化艺人、非遗传承人等的扶持力度，在工作经费上给予一定支持，鼓励他们发挥聪明才智，创作出更多紧扣时代发展脉搏、紧贴乡村生活实际、反映百姓幸福心声、内容丰富多样的文化产品，推动乡风文明的传播，将乡村建设成农民群众的精神家园、人文家园、和谐家园。

五、加强后续教育供给，剪断贫困文化复制的链条

约翰·梅尔（John Mayer）认为："教育在激起农民思想变化方面作用显著，因为它不仅能够拓展农民自身和子女的视野，还能引起其消费观念和生产生活方式发生改变，更为重要的是，它会为农民及其未来提供实行变革的方式，进而激起他们积极主动地开始变革"②。所以，教育是解构贫困文化母体最有效的手段。对于贫困地区的农民教育，最关键的是要加大科学技术资源的投入。这样，一方面可以培养他们具备市场思维，实施订单农业，通过市场途径把产品货币化、货币资本化、资本财富化；另一方面，可以重塑他们的心理结构，消除心理羁绊，在乡土文化重建中，形成现代价值理念，使其以一种健康的心态投身于脱贫致富的变革中。同时，还需要改造贫困文化传递的载体——子代贫困群体的价值理念、知识结构与劳动技能，通过阻断贫困文化的代际传承彻底实现发展致富并不再返贫。

为此，对于后期的扶持工作，国家也提出：2020年后的扶持工作不仅仅是就扶持谈扶持，而应以有利于低收入群体增收为前提的产业政策、包容

---

① 以马家窑文化的命名地——甘肃省临洮县为例。2013年以来，在政府的支持下，先后投资1 495.3万元，实施文化资源信息共享工程、"三馆一站"免费开放等文化惠民项目，并建成17个乡镇综合文化站和324家农家书屋，实现了公共文化服务体系的城乡全覆盖。并且，在当地政府的扶持下，近年来先后开展了大型文艺汇演70余场次、大型书画展36场次，送戏下乡、文艺演出等活动2 800多场次。截至2016年底，全县共投入文化场所建设资金8 100多万元，其中2015年投入65万元，调动社会资金投入800多万元；建成"乡村舞台"168个，组建文艺团体347个，挖掘、培养群众文艺骨干3 400多人，参与群众达30万人次。

② 梅尔. 人格智商 [M]. 张岩，译. 北京：中信出版社，2015：95.

性增长和多维标准改善促进长期减贫，更多的是将扶持工作与文化教育、医疗、公共服务均等化、区域发展、社会保障等结合起来，特别是在文化教育上追求城乡之间的统筹、平衡发展。[①]

总之，从经济学角度出发，在扶持的初期阶段要以金融扶持为主，以金融物质给予方式，让贫困群体迅速脱离"贫困陷阱"的束缚。从社会文化学视角来看，在扶持的后期[②]要以文化教育扶持为主，以文化教育来改变贫困群体的贫困思维、观念、认知等，使人的文化水平与精神层次得到提升，才会彻底摆脱贫穷落后的面貌。所以，推进贫困地区扶持工作的路径选择需要实行"金融扶持与文化扶持"相结合、"短期与长期"相结合、"即期的金融绩效与远期的文化绩效"相结合的方式，并结合落后地区的人文特征进行理性思考与设计，这样才有助于整体扶持开发工作的推进，实现脆弱群体真正长期发展致富。

---

① 杜晓山. 加快补短板，确保全面建成小康社会 [N]. 金融时报, 2020–6–18 (2).

② 有时称为"后扶持时期"。

附　录

庄严宣告！中国脱贫攻坚战取得了全面胜利！①
在全国脱贫攻坚总结表彰大会上的讲话

（2021年2月25日）

习近平

同志们，朋友们：

今天，我们隆重召开大会，庄严宣告，经过全党全国各族人民共同努力，在迎来中国共产党成立一百周年的重要时刻，我国脱贫攻坚战取得了全面胜利，现行标准下9 899万农村贫困人口全部脱贫，832个贫困县全部摘帽，12.8万个贫困村全部出列，区域性整体贫困得到解决，完成了消除绝对贫困的艰巨任务，创造了又一个彪炳史册的人间奇迹！这是中国人民的伟大光荣，是中国共产党的伟大光荣，是中华民族的伟大光荣！

在这里，我代表党中央，向受到表彰的先进个人和先进集体，表示热烈的祝贺！向为脱贫攻坚作出贡献的各级党政军机关和企事业单位，农村广大基层组织和党员、干部、群众，驻村第一书记和工作队员、志愿者，各民主党派、工商联和无党派人士，人民团体以及社会各界，致以崇高的敬意！向积极参与和支持脱贫攻坚的香港特别行政区同胞、澳门特别行政区同胞、台湾同胞以及海外侨胞，向关心和帮助中国减贫事业的各国政府、国际组织、外国友人，表示衷心的感谢！

---

① 习近平. 在全国脱贫攻坚总结表彰大会上的讲话[N]. 人民日报, 2021—02—26（2）.

同志们、朋友们！

贫困是人类社会的顽疾。反贫困始终是古今中外治国安邦的一件大事。一部中国史，就是一部中华民族同贫困作斗争的历史。从屈原"长太息以掩涕兮，哀民生之多艰"的感慨，到杜甫"安得广厦千万间，大庇天下寒士俱欢颜"的憧憬，再到孙中山"家给人足，四海之内无一夫不获其所"的夙愿，都反映了中华民族对摆脱贫困、丰衣足食的深深渴望。近代以后，由于封建统治的腐朽和西方列强的入侵，中国政局动荡、战乱不已、民不聊生，贫困的梦魇更为严重地困扰着中国人民。摆脱贫困，成了中国人民孜孜以求的梦想，也是实现中华民族伟大复兴中国梦的重要内容。

中国共产党从成立之日起，就坚持把为中国人民谋幸福、为中华民族谋复兴作为初心使命，团结带领中国人民为创造自己的美好生活进行了长期艰辛奋斗。新民主主义革命时期，党团结带领广大农民"打土豪、分田地"，实行"耕者有其田"，帮助穷苦人翻身得解放，赢得了最广大人民广泛支持和拥护，夺取了中国革命胜利，建立了新中国，为摆脱贫困创造了根本政治条件。新中国成立后，党团结带领人民完成社会主义革命，确立社会主义基本制度，推进社会主义建设，组织人民自力更生、发愤图强、重整山河，为摆脱贫困、改善人民生活打下了坚实基础。改革开放以来，党团结带领人民实施了大规模、有计划、有组织的扶贫开发，着力解放和发展社会生产力，着力保障和改善民生，取得了前所未有的伟大成就。

党的十八大以来，党中央鲜明提出，全面建成小康社会最艰巨最繁重的任务在农村特别是在贫困地区，没有农村的小康特别是没有贫困地区的小康，就没有全面建成小康社会；强调贫穷不是社会主义，如果贫困地区长期贫困，面貌长期得不到改变，群众生活水平长期得不到明显提高，那就没有体现我国社会主义制度的优越性，那也不是社会主义，必须时不我待抓好脱贫攻坚工作。2012年年底，党的十八大召开后不久，党中央就突出强调，"小康不小康，关键看老乡，关键在贫困的老乡能不能脱贫"，承诺"决不能落下一个贫困地区、一个贫困群众"，拉开了新时代脱贫攻坚的序幕。2013年，党中央提出精准扶贫理念，创新扶贫工作机制。2015年，党中央召开扶贫开发工作会议，提出实现脱贫攻坚目标的总体要求，实行扶持对象、项目安排、资金使用、措施到户、因村派人、脱贫成效"六个精准"，实行发展生产、易地搬迁、生态补偿、发展教育、社会保障兜底"五个一批"，发出打赢脱贫攻坚战的总攻令。2017年，党的十九大把精准脱贫作为三大攻坚战之一进行全面部署，锚定全面建成小康社会目标，聚力攻克深度贫困堡垒，决战决胜脱贫攻坚。2020年，为有力应对新冠肺炎疫情和特大洪涝灾情带来的影响，党中央要求全党全国以更大的决心、更强的力度，做好"加试题"、打好收官战，信心百倍向着脱贫攻坚的最后胜利进军。

8年来，党中央把脱贫攻坚摆在治国理政的突出位置，把脱贫攻坚作为全面建成小康社会的底线任务，组织开展了声势浩大的脱贫攻坚人民战争。党和人民披荆斩棘、栉风沐雨，发扬钉钉子精神，敢于啃硬骨头，攻克了一个又一个贫中之贫、坚中之坚，脱贫攻坚取得了重大历史性成就。

——农村贫困人口全部脱贫，为实现全面建成小康社会目标任务作出了关键性贡献。党的十八大以来，平均每年1 000多万人脱贫，相当于一个中等国家的人口脱贫。贫困人口收入水平显著提高，全部实现"两不愁三保障"，脱贫群众不愁吃、不愁穿，义务教育、基本医疗、住房安全有保障，饮水安全也都有了保障。2 000多万贫困患者得到分类救治，曾经被病魔困扰的家庭挺起了生活的脊梁。近2 000万贫困群众享受低保和特困救助供养，2 400多万困难和重度残疾人拿到了生活和护理补贴。110多万贫困群众当上护林员，守护绿水青山，换来了金山银山。无论是雪域高原、戈壁沙漠，还是悬崖绝壁、大石山区，脱贫攻坚的阳光照耀到了每一个角落，无数人的命运因此而改变，无数人的梦想因此而实现，无数人的幸福因此而成就！

——脱贫地区经济社会发展大踏步赶上来，整体面貌发生历史性巨变。贫困地区发展步伐显著加快，经济实力不断增强，基础设施建设突飞猛进，社会事业长足进步，行路难、吃水难、用电难、通信难、上学难、就医难等问题得到历史性解决。义务教育阶段建档立卡贫困家庭辍学学生实现动态清零。具备条件的乡镇和建制村全部通硬化路、通客车、通邮路。新改建农村公路110万公里，新增铁路里程3.5万公里。贫困地区农网供电可靠率达到99 %，大电网覆盖范围内贫困村通动力电比例达到100 %，贫困村通光纤和4G比例均超过98 %。790万户、2 568万贫困群众的危房得到改造，累计建成集中安置区3.5万个、安置住房266万套，960多万人"挪穷窝"，摆脱了闭塞和落后，搬入了新家园。许多乡亲告别溜索桥、天堑变成了通途，告别苦咸水、喝上了清洁水，告别四面漏风的泥草屋、住上了宽敞明亮的砖瓦房。千百万贫困家庭的孩子享受到更公平的教育机会，孩子们告别了天天跋山涉水上学，实现了住学校、吃食堂。28个人口较少民族全部整族脱贫，一些新中国成立后"一步跨千年"进入社会主义社会的"直过民族"，又实现了从贫穷落后到全面小康的第二次历史性跨越。所有深度贫困地区的最后堡垒被全部攻克。脱贫地区处处呈现山乡巨变、山河锦绣的时代画卷！

　　——脱贫群众精神风貌焕然一新，增添了自立自强的信心勇气。脱贫攻坚，取得了物质上的累累硕果，也取得了精神上的累累硕果。广大脱贫群众激发了奋发向上的精气神，社会主义核心价值观得到广泛传播，文明新风得到广泛弘扬，艰苦奋斗、苦干实干、用自己的双手创造幸福生活的精神在广大贫困地区蔚然成风。带领乡亲们历时7年在绝壁上凿出一条通向外界道路的重庆市巫山县竹贤乡下庄村党支部书记毛相林说："山凿一尺宽一尺，路修一丈长一丈，就算我们这代人穷十年苦十年，也一定要让下辈人过上好日子。"身残志坚的云南省昆明市东川区乌龙镇坪子村芭蕉箐小组村民张顺东说："我们虽然残疾了，但我们精神上不残，我们还有脑还有手，去想去做。"贫困群众的精神世界在脱贫攻坚中得到充实和升华，信心更坚、脑子更活、心气更足，发生了从内而外的深刻改变！

　　——党群干群关系明显改善，党在农村的执政基础更加牢固。各级党组织和广大共产党员坚决响应党中央号召，以热血赴使命、以行动践诺言，在脱贫攻坚这个没有硝烟的战场上呕心沥血、建功立业。广大扶贫干部舍小家为大家，同贫困群众结对子、认亲戚，常年加班加点、任劳任怨，困难面前豁得出，关键时候顶得上，把心血和汗水洒遍千山万水、千家万户。他们爬过最高的山，走过最险的路，去过最偏远的村寨，住过最穷的人家，哪里有需要，他们就战斗在哪里。有的村干部说："只要我还干得动，我都永远为村里的老百姓做事！带上我们村的老百姓，过上更美好的生活。""我是一个共产党员，我必须带领群众，拔掉老百姓的穷根。"基层党组织充分发挥战斗堡垒作用，在抓党建促脱贫中得到锻造，凝聚力、战斗力不断增强，基层治理能力明显提升。贫困地区广大群众听党话、感党恩、跟党走，都说"党员带头上、我们跟着干、脱贫有盼头"，"我们爱挂国旗，因为国旗最吉祥"，"吃水不忘挖井人，脱贫不忘共产党"，党群关系、干群关系得到极大巩固和发展！

——创造了减贫治理的中国样本，为全球减贫事业作出了重大贡献。摆脱贫困一直是困扰全球发展和治理的突出难题。改革开放以来，按照现行贫困标准计算，我国7.7亿农村贫困人口摆脱贫困；按照世界银行国际贫困标准，我国减贫人口占同期全球减贫人口70%以上。特别是在全球贫困状况依然严峻、一些国家贫富分化加剧的背景下，我国提前10年实现《联合国2030年可持续发展议程》减贫目标，赢得国际社会广泛赞誉。我们积极开展国际减贫合作，履行减贫国际责任，为发展中国家提供力所能及的帮助，做世界减贫事业的有力推动者。纵览古今、环顾全球，没有哪一个国家能在这么短的时间内实现几亿人脱贫，这个成绩属于中国，也属于世界，为推动构建人类命运共同体贡献了中国力量！

8年来，我先后7次主持召开中央扶贫工作座谈会，50多次调研扶贫工作，走遍14个集中连片特困地区，坚持看真贫，坚持了解真扶贫、扶真贫、脱真贫的实际情况，面对面同贫困群众聊家常、算细账，亲身感受脱贫攻坚带来的巨大变化。我在各地都看到，广大脱贫群众露出了真诚笑脸，这是对脱贫攻坚的最大肯定，是对广大党员、干部倾情付出的最高褒奖，也是对革命先辈和英烈的最好告慰。

同志们、朋友们！

时代造就英雄，伟大来自平凡。在脱贫攻坚工作中，数百万扶贫干部倾力奉献、苦干实干，同贫困群众想在一起、过在一起、干在一起，将最美的年华无私奉献给了脱贫事业，涌现出许多感人肺腑的先进事迹。35年坚守太行山的"新愚公"李保国、献身教育扶贫、点燃大山女孩希望的张桂梅，用实干兑现"水过不去、拿命来铺"誓言的黄大发，回乡奉献、谱写新时代青春之歌的黄文秀，扎根脱贫一线、鞠躬尽瘁的黄诗燕等同志，以及这次受到表彰的先进个人和先进集体，就是他们中的杰出代表。他们有的说："脱贫攻坚路上有千千万万的人，我真的就是其中一个小小的石子。其实走到最后，走到今天，虽然有苦，还是甜多。"有的说："不为钱来，不为利往，农民才能信你，才能听你。"有的说："把论文写在大地上，真正来地里面写，那才叫真本事。"

在脱贫攻坚斗争中，1 800多名同志将生命定格在了脱贫攻坚征程上，生动诠释了共产党人的初心使命。脱贫攻坚殉职人员的付出和贡献彪炳史册，党和人民不会忘记！共和国不会忘记！各级党委和政府要关心关爱每一位牺牲者亲属，大力宣传脱贫攻坚英模的感人事迹和崇高精神，激励广大干部群众为全面建设社会主义现代化国家、实现第二个百年奋斗目标而披坚执锐、勇立新功。

同志们、朋友们！

脱贫攻坚取得举世瞩目的成就，靠的是党的坚强领导，靠的是中华民族自力更生、艰苦奋斗的精神品质，靠的是新中国成立以来特别是改革开放以来积累的坚实物质基础，靠的是一任接着一任干的坚守执着，靠的是全党全国各族人民的团结奋斗。我们立足我国国情，把握减贫规律，出台一系列超常规政策举措，构建了一整套行之有效的政策体系、工作体系、制度体系，走出了一条中国特色减贫道路，形成了中国特色反贫困理论。

——坚持党的领导，为脱贫攻坚提供坚强政治和组织保证。我们坚持党中央对脱贫攻坚的集中统一领导，把脱贫攻坚纳入"五位一体"总体布局、"四个全面"战略布局，统筹谋划，强力推进。我们强化中央统筹、省负总责、市县抓落实的工作机制，构建五级书记抓扶贫、全党动员促攻坚的局面。我们执行脱贫攻坚一把手负责制，中西部22个省份党政主要负责同志向中央签署脱贫攻坚责任书、立下"军令状"，脱贫攻坚期内保持贫困县党政正职稳定。我们抓好以村党组织为核心的村级组织配套建设，把基层党组织建设成为带领群众脱贫致富的坚强战斗堡垒。我们集中精锐力量投向脱贫攻坚主战场，全国累计选派25.5万个驻村工作队、300多万名第一书记和驻村干部，同近200万名乡镇干部和数百万村干部一道奋战在扶贫一线，鲜红的党旗始终在脱贫攻坚主战场上高高飘扬。

事实充分证明，中国共产党具有无比坚强的领导力、组织力、执行力，是团结带领人民攻坚克难、开拓前进最可靠的领导力量。只要我们始终不渝坚持党的领导，就一定能够战胜前进道路上的任何艰难险阻，不断满足人民对美好生活的向往！

——坚持以人民为中心的发展思想，坚定不移走共同富裕道路。"治国之道，富民为始。"我们始终坚定人民立场，强调消除贫困、改善民生、实现共同富裕是社会主义的本质要求，是我们党坚持全心全意为人民服务根本宗旨的重要体现，是党和政府的重大责任。我们把群众满意度作为衡量脱贫成效的重要尺度，集中力量解决贫困群众基本民生需求。我们发挥政府投入的主体和主导作用，宁肯少上几个大项目，也优先保障脱贫攻坚资金投入。8年来，中央、省、市县财政专项扶贫资金累计投入近1.6万亿元，其中中央财政累计投入6 601亿元。打响脱贫攻坚战以来，土地增减挂指标跨省域调剂和省域内流转资金4 400多亿元，扶贫小额信贷累计发放7 100多亿元，扶贫再贷款累计发放6 688亿元，金融精准扶贫贷款发放9.2万亿元，东部9省市共向扶贫协作地区投入财政援助和社会帮扶资金1 005亿多元，东部地区企业赴扶贫协作地区累计投资1万多亿元，等等。我们统筹整合使用财政涉农资金，强化扶贫资金监管，确保把钱用到刀刃上。真金白银的投入，为打赢脱贫攻坚战提供了强大资金保障。

事实充分证明，做好党和国家各项工作，必须把实现好、维护好、发展好最广大人民根本利益作为一切工作的出发点和落脚点，更加自觉地使改革发展成果更多更公平惠及全体人民。只要我们始终坚持以人民为中心的发展思想，一件事情接着一件事情办，一年接着一年干，就一定能够不断推动全体人民共同富裕取得更为明显的实质性进展！

——坚持发挥我国社会主义制度能够集中力量办大事的政治优势，形成脱贫攻坚的共同意志、共同行动。我们广泛动员全党全国各族人民以及社会各方面力量共同向贫困宣战，举国同心，合力攻坚，党政军民学劲往一处使，东西南北中拧成一股绳。我们强化东西部扶贫协作，推动省市县各层面结对帮扶，促进人才、资金、技术向贫困地区流动。我们组织开展定点扶贫，中央和国家机关各部门、民主党派、人民团体、国有企业和人民军队等都积极行动，所有的国家扶贫开发工作重点县都有帮扶单位。各行各业发挥专业优势，开展产业扶贫、科技扶贫、教育扶贫、文化扶贫、健康扶贫、消费扶贫。民营企业、社会组织和公民个人热情参与，"万企帮万村"行动蓬勃开展。我们构建专项扶贫、行业扶贫、社会扶贫互为补充的大扶贫格局，形成跨地区、跨部门、跨单位、全社会共同参与的社会扶贫体系。千千万万的扶贫善举彰显了社会大爱，汇聚起排山倒海的磅礴力量。

事实充分证明，中国共产党领导和我国社会主义制度是抵御风险挑战、聚力攻坚克难的根本保证。只要我们坚持党的领导、坚定走中国特色社会主义道路，就一定能够办成更多像脱贫攻坚这样的大事难事，不断从胜利走向新的胜利！

——坚持精准扶贫方略，用发展的办法消除贫困根源。我们始终强调，脱贫攻坚，贵在精准，重在精准。我们坚持对扶贫对象实行精细化管理、对扶贫资源实行精确化配置、对扶贫对象实行精准化扶持，建立了全国建档立卡信息系统，确保扶贫资源真正用在扶贫对象上、真正用在贫困地区。围绕扶持谁、谁来扶、怎么扶、如何退等问题，我们打出了一套政策组合拳，因村因户因人施策，因贫困原因施策，因贫困类型施策，对症下药、精准滴灌、靶向治疗，真正发挥拔穷根的作用。我们要求下足绣花功夫，扶贫扶到点上、扶到根上、扶到家庭，防止平均数掩盖大多数。我们坚持开发式扶贫方针，坚持把发展作为解决贫困的根本途径，改善发展条件，增强发展能力，实现由"输血式"扶贫向"造血式"帮扶转变，让发展成为消除贫困最有效的办法、创造幸福生活最稳定的途径。我们紧紧扭住教育这个脱贫致富的根本之策，强调再穷不能穷教育、再穷不能穷孩子，不让孩子输在起跑线上，努力让每个孩子都有人生出彩的机会，尽力阻断贫困代际传递。

事实充分证明，精准扶贫是打赢脱贫攻坚战的制胜法宝，开发式扶贫方针是中国特色减贫道路的鲜明特征。只要我们坚持精准的科学方法、落实精准的工作要求，坚持用发展的办法解决发展不平衡不充分问题，就一定能够为经济社会发展和民生改善提供科学路径和持久动力！

——坚持调动广大贫困群众积极性、主动性、创造性，激发脱贫内生动力。"志之难也，不在胜人，在自胜。"脱贫必须摆脱思想意识上的贫困。我们注重把人民群众对美好生活的向往转化成脱贫攻坚的强大动能，实行扶贫和扶志扶智相结合，既富口袋也富脑袋，引导贫困群众依靠勤劳双手和顽强意志摆脱贫困、改变命运。我们引导贫困群众树立"宁愿苦干、不愿苦熬"的观念，鼓足"只要有信心，黄土变成金"的干劲，增强"弱鸟先飞、滴水穿石"的韧性，让他们心热起来、行动起来。脱贫群众说"现在国家政策好了，只要我们不等待、不观望，发扬'让我来'的精神，一定能过上好日子。""生活改变了我，我也改变了生活。"

事实充分证明，人民是真正的英雄，激励人民群众自力更生、艰苦奋斗的内生动力，对人民群众创造自己的美好生活至关重要。只要我们始终坚持为了人民、依靠人民，尊重人民群众主体地位和首创精神，把人民群众中蕴藏着的智慧和力量充分激发出来，就一定能够不断创造出更多令人刮目相看的人间奇迹！

——坚持弘扬和衷共济、团结互助美德，营造全社会扶危济困的浓厚氛围。我们推动全社会践行社会主义核心价值观，传承中华民族守望相助、和衷共济、扶贫济困的传统美德，引导社会各界关爱贫困群众、关心减贫事业、投身脱贫行动。我们完善社会动员机制，搭建社会参与平台，创新社会帮扶方式，形成了人人愿为、人人可为、人人能为的社会帮扶格局。

事实充分证明，社会主义核心价值观、中华优秀传统文化是凝聚人心、汇聚民力的强大力量。只要我们坚定道德追求，不断激发全社会向上向善的正能量，就一定能够为中华民族乘风破浪、阔步前行提供不竭的精神力量！

——坚持求真务实、较真碰硬，做到真扶贫、扶真贫、脱真贫。我们把全面从严治党要求贯穿脱贫攻坚全过程和各环节，拿出抓铁有痕、踏石留印的劲头，把脱贫攻坚一抓到底。我们突出实的导向、严的规矩，不搞花拳绣腿，不搞繁文缛节，不做表面文章，坚决反对大而化之、撒胡椒面，坚决反对搞不符合实际的"面子工程"，坚决反对形式主义、官僚主义，把一切工作都落实到为贫困群众解决实际问题上。我们实行最严格的考核评估，开展扶贫领域腐败和作风问题专项治理，建立全方位监督体系，真正让脱贫成效经得起历史和人民检验。

事实充分证明，一分部署，九分落实，真抓实干、埋头苦干保证了脱贫攻坚战打得赢、打得好。只要我们坚持实干兴邦、实干惠民，就一定能够把全面建设社会主义现代化国家的宏伟蓝图一步步变成现实！

这些重要经验和认识，是我国脱贫攻坚的理论结晶，是马克思主义反贫困理论中国化最新成果，必须长期坚持并不断发展。

同志们、朋友们！

伟大事业孕育伟大精神，伟大精神引领伟大事业。脱贫攻坚伟大斗争，锻造形成了"上下同心、尽锐出战、精准务实、开拓创新、攻坚克难、不负人民"的脱贫攻坚精神。脱贫攻坚精神，是中国共产党性质宗旨、中国人民意志品质、中华民族精神的生动写照，是爱国主义、集体主义、社会主义思想的集中体现，是中国精神、中国价值、中国力量的充分彰显，赓续传承了伟大民族精神和时代精神。全党全国全社会都要大力弘扬脱贫攻坚精神，团结一心，英勇奋斗，坚决战胜前进道路上的一切困难和风险，不断夺取坚持和发展中国特色社会主义新的更大的胜利！

同志们、朋友们！

脱贫攻坚战的全面胜利，标志着我们党在团结带领人民创造美好生活、实现共同富裕的道路上迈出了坚实的一大步。同时，脱贫摘帽不是终点，而是新生活、新奋斗的起点。解决发展不平衡不充分问题、缩小城乡区域发展差距、实现人的全面发展和全体人民共同富裕仍然任重道远。我们没有任何理由骄傲自满、松劲歇脚，必须乘势而上、再接再厉、接续奋斗。

"胜非其难也，持之者其难也。"我们要切实做好巩固拓展脱贫攻坚成果同乡村振兴有效衔接各项工作，让脱贫基础更加稳固、成效更可持续。对易返贫致贫人口要加强监测，做到早发现、早干预、早帮扶。对脱贫地区产业要长期培育和支持，促进内生可持续发展。对易地扶贫搬迁群众要搞好后续扶持，多渠道促进就业，强化社会管理，促进社会融入。对脱贫县要扶上马送一程，设立过渡期，保持主要帮扶政策总体稳定。要坚持和完善驻村第一书记和工作队、东西部协作、对口支援、社会帮扶等制度，并根据形势和任务变化进行完善。党中央决定，适时组织开展巩固脱贫成果后评估工作，压紧压实各级党委和政府巩固脱贫攻坚成果责任，坚决守住不发生规模性返贫的底线。

乡村振兴是实现中华民族伟大复兴的一项重大任务。要围绕立足新发展阶段、贯彻新发展理念、构建新发展格局带来的新形势、提出的新要求，坚持把解决好"三农"问题作为全党工作重中之重，坚持农业农村优先发展，走中国特色社会主义乡村振兴道路，持续缩小城乡区域发展差距，让低收入人口和欠发达地区共享发展成果，在现代化进程中不掉队、赶上来。全面实施乡村振兴战略的深度、广度、难度都不亚于脱贫攻坚，要完善政策体系、工作体系、制度体系，以更有力的举措、汇聚更强大的力量，加快农业农村现代化步伐，促进农业高质高效、乡村宜居宜业、农民富裕富足。

在全面建设社会主义现代化国家新征程中，我们必须把促进全体人民共同富裕摆在更加重要的位置，脚踏实地、久久为功，向着这个目标更加积极有为地进行努力，促进人的全面发展和社会全面进步，让广大人民群众获得感、幸福感、安全感更加充实、更有保障、更可持续。

同志们、朋友们！

回首过去，我们在解决困扰中华民族几千年的绝对贫困问题上取得了伟大历史性成就，创造了人类减贫史上的奇迹。展望未来，我们正在为全面建设社会主义现代化国家的历史宏愿而奋斗。征途漫漫，惟有奋斗。全党全国各族人民要更加紧密地团结在党中央周围，坚定信心决心，以永不懈怠的精神状态、一往无前的奋斗姿态，真抓实干、埋头苦干，向着实现第二个百年奋斗目标奋勇前进！

穷人为什么穷？[①]

　　罗格·布雷格曼（Rutger Bregman），荷兰历史学家、作家、记者。这位29岁的历史学家在欧洲可是学术红人，他的新书《现实主义乌托邦》（*Utopia for Realists*）在荷兰掀起了一场风暴，或许会重振全球的进步思想。

编者按：

　　贫穷的根源是什么，有人说是性格缺陷，有人说是缺少教育，但其实都不是！荷兰历史学家罗格·布雷格曼（Rutger Bregman）日前在TED演讲上指出贫穷真正的根源，不是个性缺失，而是缺钱，这里的钱指的是起步的基础资金。

　　为什么各种扶贫措施没有效果？因为长久以来为贫困人群提供的是我们认为他们需要的东西，不是他们真正需要的。罗格·布雷格曼在演讲中指出了证据和解决方法，并用数据说明解决方式的可行性。

穷人贫穷的根源是什么？

　　我想用一个简单的问题打开这个话题：为什么穷人做了许多糟糕的决定？的确，这个问题很尖锐，但是数据表明，相较于其他人，穷人借钱更多，储蓄少，抽烟多，锻炼少，喝酒多而且饮食更不健康。为什么？

---

　　① 罗格·布雷格曼在TED的演讲内容，吴峻编译，摘自澎湃新闻网（2017年7月7日），上标题为编者所拟。

英国首相撒切尔夫人曾经定义贫穷是一项"人格缺陷"，即个性缺失。

我相信很多人听到这个解释会目瞪口呆，但是不只撒切尔夫人一人认为穷人本身存在问题。有些人认为穷人应该为他们自己的错误买单，也有人认为我们应该帮助他们做出更好的决定。

但是这两种观念有一个共同的前提：穷人们自己有问题。只要我们可以改变他们，教他们如何生活，他们就会听从。我一度也这么认为。但是几年前，我发现之前我对贫穷的所有了解都是错的。

我无意中看到了一份几位美国心理学家的报告，恍然大悟。他们穿越8 000英里来到印度，为了做一项不可思议的研究。研究对象是一群蔗糖农民。在每年丰收季节之后，他们会一次性获得年收入的60 %。这意味着，一年里一部分时间他们较为贫穷，另一部分的时间里相对富有。学者们让他们分别在收获季节前后做了一份智商测试。研究结果出乎我的意料——农民们在收获前的智商低于收获后，降低了14个IQ值。这相当于一晚没有睡觉，或者酒精的影响。

几个月后，这项研究中的一个学者，同时是普林斯顿大学的教授，埃尔德·沙菲尔（Eldar Shafir）来到我所居住的荷兰。我和他在阿姆斯特丹见面并且探讨了这项关于贫穷的新理论，用两个词总结：稀缺性心态。通常人们遇到稀缺的事物，行为会有所改变。不限定什么事物，可以是时间、金钱或者食物。

相信大家都有过这样的经历：当我们有很多事情积压需要处理，或者推迟午餐时间、血糖急剧下降的时候，我们会将注意力集中在最直接的需求上，例如需要立即吃到三明治、五分钟后需要召开的会议或者明天需要付清的账单。这时，长远眼光已经是一种奢侈。

请想象一下一台全新的电脑同时运作十个大型程序。运作速度会越来越慢，出现运转失误，直至死机。不是因为这台电脑性能不足，而是因为它超负荷运转。穷人面临的问题和这台电脑一样，不是因为他们愚蠢所以做了愚蠢的决定，而是他们生活在那样的环境中，身边的人都会做愚蠢的决定。

于是我明白了，为什么众多扶贫项目失败了。比如教育投资没有发挥作用。贫穷不是因为知识缺乏。最近一个有关资产管理培训有效性的201项研究结果显示，训练完全没有效果。这并不意味着穷人没有学习，他们可以更聪明。但是这还不够，正如沙菲尔教授形容，"这就像教别人游泳，然后把他们扔进大海。"

我听到这个结论的时候很困惑，几十年前我们就应该得出这个结论。这项研究并不需要复杂的脑部扫描，心理学家们仅需要评估那些农民的智商值，早在一百年前，智商测试就已经出现了。我曾经读过关于贫穷的心理分析。

乔治·奥威尔（George Oruell）是当代最伟大的作家之一，在20世纪20年代，他曾经经历过贫穷，他曾写道："贫穷的本质是消灭未来。"他惊讶于当人们的收入低到一定程度时，居然理所当然地认为他人有权对你说教、为你祈祷。如今，这句话依然可以引起共鸣。

这就引向一个问题：怎么做？现代经济学家尝试过几种解决方案，例如帮助穷人做文书工作，或者发短信提醒他们缴费。现代政治家采用这类解决方案乐此不疲，因为这几乎零成本。我认为这是一个治标不治本的方案。

为什么我们不去改变穷人的生活环境呢？回到刚才类比电脑：增加内存就可以轻易解决的事情，为什么要一直修补软件呢？听到这样的反问，沙菲尔教授顿了一下，说："我明白了，你希望为穷人直接提供更多的资金来消除贫穷。确实，这是一个简单粗暴的方式。但是我认为美国并没有阿姆斯特丹的这种左翼思想。"

但这真的是一个过时的左翼思想？我曾经读到一个老旧的计划，这个计划由一些历史上领先的思想家提出。大约500年前，哲学家托马斯·莫尔（Thomas More）在他的著作《乌托邦》中就已经提到过这个计划。计划得到左翼和右翼、民权运动家马丁·路德·金（Martin Luther King）以及经济学家米尔顿·弗里德曼（Milton Friedman）的支持。归根结底，这就是一个简单的理论：基本生活保障。即可负担每月基本的生活需求：食物、住宿和教育。完全没有附带条款，不会有人对应该做什么指手画脚。基本收入不是一项施舍，是一项权利。

当我了解到贫穷的本质之后，我不禁思考：这不正是我们一直期待的解决方式吗？真的就是这么简单？在那之后的三年里，我查阅了所有有关基本收入的资料。我调查了全球数十项有关实验，直到我发现了一个永久消除贫穷的小镇。

1974年，加拿大的一个小镇多芬所有的居民都有基本生活保障，保证每个居民的生活水平不会降到贫穷线。起初，一队研究人员来到这个小镇。前四年，计划开展得很顺利，直到一个新政府执政。新加拿大内阁认为这项研究成本过高且没有意义，最后没有资金支持分析结果，整项研究的文件被封存起来，大约有2 000箱。25年过去了，一名加拿大教授伊芙琳·法尔热找到了研究记录。三年里，她用了多种统计方法分析，得到了同一个结论：实验非常成功。

但是伊芙琳没有发现多芬的居民不仅变得富有，而且更加聪明和健康。学校里学生们的学业成绩逐渐提高，而住院率下降了8.5％。家庭暴力事件减少，同时心理健康投诉降低。人们并没有辞职，只有初为人母的女性和学生减少了工作，因为学生把更多时间花在学校上。全球范围内的多项实验都得到了类似的结论。

于是，我得出这样一个结论：我们这些富人不应该自认为对贫穷很了解，应该停止寄鞋子和泰迪熊给我们素不相识的穷人们。我们应该摒弃家长式官僚主义作风，将薪水转交给穷人就可以帮助消除贫穷。

金钱最大的好处就是人们可以用它直接购买自己需要的东西，而不是那些专家认为穷人需要的。想象一下，因为稀缺，多少杰出的科学家、企业家和像乔治·奥威尔这样的作家正在消失。如果我们可以永久摆脱贫穷，我们可以释放多少才华和能量？基本收入相当于风险投资，如果不做这项投资，我们无法承担后果。在美国，医疗费用、辍学率和犯罪率不断增加，如果考虑这些，每年美国为贫穷儿童支付的开销高达5 000亿美元。这是人类潜能的极大浪费。

接下来就是一个显而易见的问题：我们如何负担这项基本收入开支？其实这项开支远比我们想象的要少。多芬实行负所得税措施，即当人们的收入水平降到贫穷线时，收入会得到补偿。经济学家保守估计其净成本约为1 750亿美元，相当于美国军费1/4的开支，或者GDP的1％就可以将所有美国贫困人民拉到贫困线之上，最终可以彻底消除贫穷，这才应该是我们的目标。

　　我们不应该再目光狭隘，局限于眼前。我相信现在是时候引进新思想，基本收入保障不仅仅是一项政策，更是对工作意义的重新思考。这不仅仅可以解放穷人，而且对我们所有人都有益处。如今，数百万人认为自己的工作没有意义和价值。最近，一项对142个国家的23万名职工的调查显示，仅13%的人喜欢自己从事的工作，而大约有37%的英国工人认为自己正在从事的工作没有存在价值。正如布拉德·皮特（Brad Pitt）在《搏击俱乐部》中说到的，"我们常常做着自己讨厌的工作，只是为了买我们不需要的东西。"

　　我并不是指教师、清洁工和护工这些职业。如果他们不再工作，我们会遭遇很多麻烦。我指的是那些拥有完美的简历、从事高收入职业的员工，他们在社交关系网中利用头脑风暴创造破坏性合作的附加价值，进行战略交易。或者类似这样的事情。试想一下，多少次我们不得不对自己的孩子说他们必须生存，因为这些我们浪费了多少才华？再想一想，几年前一个在脸书工作的数学天才感叹："我这一代最优秀的头脑用于思考如何让人们点击广告。"

　　我是一个历史学家，如果说历史教了我们什么的话，那就是事情是可以改变的。现在我们建设社会和经济，无需按照固定的方式进行。思想可以改变世界。特别是在最近这几年，情况已经很明了，我们不能再故步自封，我们需要新想法。我知道很多人对未来有些悲观，认为未来不存在平等，气候变化问题逐渐严重。但是仅了解我们将面临的困难是不够的。我们需要着手去做，马丁·路德·金并没有说："我有一个噩梦。"

　　所以这是我的梦想：我相信将来你的工作价值不是由薪水来衡量，而是由你传播的幸福以及你所赋予的意义决定。我相信将来教育不再是培养你去做无意义的工作，而是帮助你拥有更好的生活。我相信未来没有贫穷不再是一种特权，而是所有人应有的权利。所以现在，我们有研究、有证据、有解决方法。

　　500年前，托马斯·莫尔第一次写到基本收入，100年前，乔治·奥威尔发现贫穷本质，我们只需要改变自己的世界观。

　　因为贫穷不是个性缺失，缺的是钱。

参考文献

[1] SEN A. Poverty and Famines: An Essay on Entitlement and Deprivation [M] . Oxford: Clarendon press. 1981.

[2] AHLUWALIA MS. Income Distribution and Development: Some Stylized Facts [J] . Ameriean Economic Review, 1976 (66) : 128-135.

[3] AHLUWALIA MS. Income Inequality, Some Dimensions of the Problem. In Redistribution with Growth [M] . New York: Oxford University Press, 1974.

[4] TILAK J B G. Education in an unequal world In Educational Planning: A Lone Term Perspective [M] . New Delhi: Concept Publishers for National Institute of Educational Planning and Administration, 1986.

[5] GHOSH J. Microfinance and the Challenge of Financial Inclusion for Development [J] . Cambridge Journal of Economics, 2013 (6) : 1203-1219.

[6] BHUYAN R R, JAHANGIR A C, CHESHIER A , et al. Microcredit , Financial Improvement and Poverty Alleviation of the Poor in Developing Counties: Evidence from Bangladesh [J] . Journal of Emerging Markets, 2009, 4 (1) : 24-37.

[7] PSACHAROPOULOS G. Returns to investment in education: a global update [J] . World Devecopment, 1994, 22 (9) : 1325-1343.

[8] FAYE C X. Poverty Alleviation : A Way Forward in India [J] . Academic Discourse, 2014, 3 (2) : 32-43.

[9] KUROSAKI T, KHAN H. Human Capital and Elimination of Rural

Poverty: A Case Study of the North-West Frontier Province, Pakistan [J].

[10] ChENG F, ZhANG XB, FAN SG. Emergence of Urban Poverty and InequalityinChina: Evidence from Household Survey [J]. China Economic Review, 2002 (13): 430-443.

[11] SEN A. Sociological Approach to the Measurement of Poverty: a Reply to Professor Peter Townsend [J]. Oxford Economic Papers, 1985 (4): 669-676.

[12] HAGENAARSA. A. A Class of Poverty Indices [J]. International Economic Review, 1987, 28 (3): 583-607.

[13] UNDP. The Real Wealth of Nations: Pathways to Human Development, Human Development Report 2010 [R]. 2010: 94-96.

[14] TSVIKY. Multidimensional poverty indices [J]. Social Choice and Welfare, 2002, 19 (1): 69-93.

[15] BOURGUIGNON F, CHAKRAVARTY S R. The Measurement of Multidimensional Poverty [J]. The Journal of Economic Inequality, 2003, 1 (1): 25-49.

[16] ALKIRE S, FOSTER J. Counting and multidimensional poverty measurement [J]. Journal of Public Economics, 2010, 95 (7): 476-487.

[17] ALKIRE S, SETH S. Multidimensional Poverty Reduction in India between 1999 and 2006: Where and How? [J]. World Development, 2015 (72): 93-108.

[18] LEYSHON A, THRIFT N. Geographies of Financial Exclusion: Financial Abandonment in Britain and the United States [J]. Transactions of the Institute of British Geographers, 1995 (3): 312-341.

[19] CONROY J. APEC and Financial Exclusion: Missed Opportunities for Collective Action? [J]. Asia Pacific Development Journal, 2005 (1): 53-80.

[20] FIELD E, PANDE R, PAPP J, et al. Does the Classic Microfinance

Model Discourage Entrepreneurship among the Poor? Experimental
Evidence from India［J］. American Economic Review，2013（6）：
2196-2226.

［21］国家发展与改革委员会.《"十三五"脱贫攻坚规划》辅导读本
［M］.北京：人民出版社，2017.

［22］中共中央组织部干部教育局，国务院扶贫办行政人事司，国家行政学
院教育部.精准扶贫，精准脱贫：打赢脱贫攻坚战辅导读本［M］.北
京：党建读物出版社，2016.

［23］陆汉文，黄承伟.中国精准扶贫发展报告（2017）［M］.北京：社会
科学文献出版社，2017.

［24］杨秋宝.2020：中国消除农村贫困（全面建成小康社会的精准扶贫、
脱贫攻坚研究）［M］.北京：北京人民出版社，2018.

［25］李宝庆.精准扶贫背景下的金融扶贫及其绩效评价研究［M］.北京：
中国金融出版社，2017.

［26］王三秀.中国扶贫精细化：理念、策略、保障［M］.北京：社会科学
文献出版社，2017.

［27］王俊文.当代中国农村贫困与反贫困问题研究［M］.长沙：湖南师范
大学出版社，2010.

［28］林毅夫.解读中国经济［M］.北京：北京大学出版社，2012.

［29］林毅夫，孟加.战胜命运：跨越贫困陷阱创造经济奇迹［M］.张彤
晓，顾炎民，薛明，译.北京：北京大学出版社，2017.

［30］胡必亮，刘强，李晖.农村金融与村庄发展：基本理论、国际经验与
实证分析［M］.北京：商务印书馆，2006.

［31］王曙光，等.农村金融与新农村建设［M］.北京：华夏出版社，2006.

［32］陈志武.财富的逻辑（1）：为什么中国人勤劳而不富有［M］.西安：
西北大学出版社，2015.

［33］陈志武.金融的逻辑：通往自由之路［M］.西安：西北大学出版社，
2015.

［34］黄锐，王飞，章安琦，等.民族地区防返贫机制研究——基于多维

返贫视角［J］．中央民族大学学报（哲学社会科学版），2022，49
（1）：119-129．

［35］冉秋霞．后扶贫时代防返贫的机制构建与路径选择［J］．甘肃社会科
学，2021（5）：222-228．

［36］刘欢，韩广富．后脱贫时代农村精神贫困治理的现实思考［J］．甘肃社
会科学，2020（4）：170-178．

［37］刘欣．致贫原因、贫困表征与干预后果——西方贫困研究脉络 中的
"精神贫困"问题［J］．中国农业大学学报（社会科学版），2019，
36（6）：96-103．

［38］杭承政，胡鞍钢．"精神贫困"现象的实质是个体失灵——来自行为
科学的视角［J］．国家行政学院学报，2017（4）：97-103；147．

［39］丁志刚，李航．精准扶贫中的"精神贫困"及其纾解——基于认知失
调理论的视角［J］．新疆社会科学，2019（5）：136-144；154．

［40］张永丽，沈志宇．贫困与反贫困问题研究述论［J］．西北民族大学学报
（哲学社会科学版），2020（4）：129-140．

［41］洪名勇，吴昭洋，龚丽娟．贫困心理陷阱理论研究进展［J］．经济学动
态，2018（7）：101-114．

［42］张永丽，高蔚鹏．脱贫攻坚与乡村振兴有机衔接的基本逻辑与实现路
径［J］．西北民族大学学报（哲学社会科学版），2021（3）：139-
147．

［43］胡金焱．普惠金融发展的"两难"问题及对策研究［J］．农村金融研
究，2021（11）：31-37．

［44］辛秋水．文化扶贫的发展过程和历史价值［J］．福建论坛，2010
（3）：137-140．

［45］张世定．对贫困地区文化扶贫工作的思考［J］．福建省社会主义学院学
报，2016（1）：96-101．

［46］苏畅，苏细福．金融精准扶贫难点及对策研究［J］．西南金融，2016
（4）：23-27．

［47］曲蕴，马春．文化精准扶贫的理论内涵及其实现路径［J］．图书馆杂

志，2016，35（9）：4-8.

［48］杨云龙，王浩，何文虎. 我国金融精准扶贫模式的比较研究——基于
　　　　"四元结构"理论假说［J］. 农村金融，2016（11）：73-79.

［49］王介勇，陈玉福，严茂超. 我国精准扶贫政策及其创新路径研究［J］.
　　　　中国科学院院刊，2016，31（3）：289-295.

［50］李春明. 精准扶贫的经济学思考［J］. 理论月刊，2015（11）：5-8.

［51］马燕坤，肖金成. "十三五"时期精准扶贫的基本思路［J］. 经济与管
　　　　理，2016，30（4）10-13；41；2.

［52］郑瑞强，王英. 精准扶贫政策初探［J］. 财政研究，2016（2）：17-24.

［53］公衍勇. 关于精准扶贫的研究综述［J］. 山东农业工程学院学报，
　　　　2015，32（3）：75-78.

［54］王国勇，邢微. 我国精准扶贫工作机制问题探析［J］. 农村经济，2015
　　　　（9）：46-50.

［55］民建中央调研部. 关于大力推进教育精准扶贫的思考［J］. 教育与职
　　　　业，2016（20）：29-30.

［56］王嘉毅，封清云，张金. 教育与精准扶贫精准脱贫［J］. 教育研究，
　　　　2016，37（7）：12-21.

［57］黄承伟，覃志敏. 我国农村贫困治理体系演进与精准扶贫［J］. 开发研
　　　　究，2015（2）：56-59.

［58］边晓红，段小虎，王军，等. "文化扶贫"与农村居民文化"自组
　　　　织"能力建设［J］. 贫困地区图书馆发展研究，2016，36（2）：1-6.

［59］刘清荣，程文燕，康亮. 试论我国扶贫开发的历程、模式及创新
　　　　［J］，老区建设，2013（8）：4-10.

［60］黄吉，钟婷，朱苏远. 国外文化精准扶贫案例研究与借鉴［J］. 图书馆
　　　　杂志，2016，35（9）：18-24.

［61］岑家峰，李东升，梁洁. 精准扶贫背景下贫困地区文化扶贫路径研究
　　　　［J］. 社科纵横，2018，33（6）：60-65.

［62］肖桂云，程贵铭. 贫困文化与文化扶贫［J］. 中国农业大学学报（社会
　　　　科学版），2000（3）：68-73.

［63］陈晓莉.扶贫扶文化治"本"除穷根［J］.理论月刊，2016（9）：
　　　 5-11.

［64］波普尔.历史决定论的贫困［M］.杜汝楫，邱仁宗，译.上海：上海人
　　　 民出版社，2009.

［65］乔治.进步与贫困［M］.吴良健，王翼龙，译.北京：商务印书馆，
　　　 2010.

［66］森.贫困与饥荒［M］.王宁，王文玉，译.北京：商务印书馆，2001.

［67］赖纳特.富国为什么富　穷国为什么穷［M］.杨虎涛，译.北京：中国
　　　 人民大学出版，2010.

［68］科斯.变革中国：市场经济的中国之路［M］.徐尧，李哲民，译.北
　　　 京：中信出版社，2013.

［69］费雪.利息理论［M］.陈彪如，译.北京：商务印书馆，2013.

［70］费雪.繁荣与萧条［M］.北京：商务印书馆，2013.

［71］费雪.资本和收入的性质［M］.谷宏伟，卢欣，译.北京：商务印书
　　　 馆，2013.

［72］班纳吉，迪弗洛.贫穷的本质［M］.景若，译.北京：中信出版社，
　　　 2013.

［73］班纳吉，迪弗洛.好的经济学［M］.张缘，蒋宗强，译.北京：中信出
　　　 版集团，2020.

［74］穆来纳森，沙菲尔.稀缺：我们是如何陷入贫穷与忙碌的［M］.魏薇，
　　　 龙志勇，译.杭州：浙江人民出版社，2014.

［75］蒲鲁东.贫困的哲学［M］.余叔通，王雪华，译.北京：商务印书馆，
　　　 2010.

［76］尤努斯.穷人的银行家［M］.吴士宏，译.上海：三联书店，2006.

［77］尤努斯.普惠金融改变世界［M］.陈文，陈少毅，郭长冬，等.译.北
　　　 京：机械工业出版社，2018.

［78］格申克龙.经济落后的历史透视［M］.张凤林，译.北京：商务印书
　　　 馆，2009.

［79］福山.落后之源［M］.刘伟，译.北京：中信出版集团，2017.

［80］施莱弗. 掠夺之手：政府病及其治疗［M］. 赵红军，译. 北京：中信出
　　　版集团，2017.

［81］埃尔-埃里安. 负利率时代：货币为什么买不到增长［M］. 巨澜，译.
　　　北京：中信出版集团，2017.

［82］威廉姆森. 资本主义经济制度［M］. 段毅才，王伟，译. 北京：商务印
　　　书馆，2020.

［83］奈特. 风险、不确定性与利润［M］. 郭武军，刘亮，译. 北京：华夏出
　　　版社，2011.

［84］托尼. 中国的土地与劳动［M］. 安佳，译. 北京：商务印书馆，2014.

［85］吉尔德. 财富与贫困：国民财富的创造和企业家精神［M］. 蒋宗强，
　　　译. 北京：中信出版集团，2019.

［86］张维迎. 理念的力量［M］. 西安：西北大学出版社，2014.

［87］张维迎. 市场与政府［M］. 西安：西北大学出版社，2014.

［88］张维迎. 市场的逻辑［M］. 上海：上海人民出版社，2010.

［89］庞巴维克. 资本与利息［M］. 高德超，译. 北京：商务印书馆，2010.

［90］庞巴维克. 实证资本论［M］. 高德超，译. 北京：商务印书馆，2010.

［91］本尼迪克特. 菊与刀［M］. 段毅才，译. 北京：商务印书馆，2012.

［92］里夫金. 零边际成本社会［M］. 赛迪研究院专家组，译. 北京：中信出
　　　版社，2017.

［93］托尼. 中国的土地与劳动［M］. 安佳，译. 北京：商务印书馆，2013.

［94］刘易斯. 贫穷文化：墨西哥五个家庭一日生活的实录［M］. 台北：巨
　　　流图书公司，2004.

［95］莫伊尼汉. 认识贫困［M］. 太原：山西经济出版社，2002.